弁護士はとても慎重で、法曹界でも信頼を置かれている人だった。間違っている部分については間違いだと認めて裁判に臨むのがよいと言いながら、裁判を前に私に二つの提案をした。第一に、この事件を女性運動の脈絡で押し通せば裁判所の理解を得づらくなるので、女性運動家ではなくただ個人として作品に対する意見を述べ、その軽率さを後悔している女子大学生になること。裁判所に出頭するときは肩を落とし、おとなしい服装で、過激な言葉は使わないようにと助言した。この戦略は私を悩ませた。私はたとえ敗訴して罰金を払うことになっても、堂々と立ち向かって戦いたかった。しかし弁護士は、私たちがこの事件に勝てば次の女性たちがさらに勝ちやすくなると言って私を説得した。私たちのチームは勝訴を最優先させることで同意した。

第二に、私がいっさいの生活を犠牲にして裁判をすることは望まないから、今からでも裁判を取り消してもいいとのことだった。私は最後までやると答えた。私がここで諦めれば、この苦痛を後の誰かに押しつけることになるから。すでに多くの者が諦めたが、私まで諦めるわけにはいかない。私は私と、メガリアの意味を知らせたかった。そして私を告訴した男たちに警告したかった。告訴は簡単に始められるが、終わらせるのは簡単ではないぞと……。オンライン活動をする女性を告訴しようとする男たちに対しても、メッセージを伝えたかった。女性ユーザーたちをナメるなと。最初に決心したこの態度で裁判に臨んでいれば、私はそこまで苦しまなかった気がする。

最初の公判の日。弁護士からくれぐれもと注意されたとおり、私は早朝から髪を整え化粧をした。持っている中で一番きちんとした服を選んで着てみると、葬式に参列できそうな姿だった。裁判所前で弁護士に会い、熟知しておくべき内容をもう一度確認して法廷に入った。自分の人生にこんなことが起こるなんて、想像もしていなかった。怖くて胸がバクバク鳴った。私が被告人だなんて！　未決囚の服を着て腰縄をつけられた、誰かを集団暴行した男性たちの次に私が被告人席についた。裁判官は女性で、前の裁判が長引いたため様子をうかがえたのだが、柔和で、それでいて断固とした人のようだった。その姿に希望を感じた。最初の公判は私の名前を確認し、さらに準備する時間をくれという弁護士の要請で終わった。5分もかからなかった。

二度目の公判も似たようなものだった。すべての資料はすでに書面で提出してあるため、私がしたのは自分の名前と生年月日を言うことだけだった。月日は流れ秋に差し掛かり、最後の公判日の朝は晴れていた。弁護士と私は最終弁論を準備しようと、あらかじめコーヒーショップで文章を書いた。

「尊敬する裁判官殿……」と書いた後、続きが思い浮かばなかった。弁護士は反省している気持ちを込めろと言ったが、私は反省したくなかった。私が何をしたと？　しかし弁護士を心配させたくなかったので、私は素直に反省していると書いた。その日裁判官は、弁護人による陳述の前に被告人が最終弁論をするよう要求した。異例のことだった。本来は弁護人の陳述が先のはずだ。検事と傍聴人たち全員が私に注目しているのが感じられた。私は準備した言葉を思いだしながら口を開いた。「尊敬する裁判官殿、私は……」。そのとき突然涙が溢れた。こんなことは初めてだった。その涙は、ここまでの間、心につもってきた鬱憤だったのかもしれない。涙を呑んで準備したことを言おうと何度も努力したが、努力するほどさらに悲しみが込み上げて涙が流れ出た。私はどうしていいかわからなかった。裁判官はしばらく待った後、静かな声で言った。「その気持ち、わかりますよ。こんなことにまでなるなんて思っていなかったんでしょう？　十分わかりました。ここまでにしましょう」。今になって考えてみると、そのときの涙は鬱憤よりも、心にもないことを言いたくない気持ちから出たようだった。現実に屈服し、自分の信念を伝えられないことが悲しかったのかもしれない。

私と一緒に裁判をしていた人たちの判決が一つ、二つと出始めた。全員勝訴か執行猶予で終わり、私も勝訴するかもしれないと期待するようになった。しかしいざ判決の日に法廷で、前の被告人たちの懲役2年、罰金500万ウォンという否定的な結果を聞き続けていると、いつしか勝訴への期待もしぼんでいった。とうとう裁判官が私の名を呼び、「被告人は出廷していますか?」と私を探した。私の心臓は狂ったようにバクバク鳴った。息もできていないようだった。どんな結果が出ても気を確かに持とうと心に決めた。裁判官は淡々と判決文を読んだ。

検察側の主張は認められない。キャラクターを実存する人物として見ることはできない。侮辱の意図も見られない。被告人に無罪を宣告する。

その瞬間、胸につかえた石のかたまりが消えたような気分だった。私の頭と肩を押さえつけてきた岩が消えた。私は落ち着いて裁判所を出ると、歓声をあげた。大学合格発表以来の、もっとも劇的な日だった。空も飛べそうな気持ちとはこういうことを言うのだな、と実感した。空は晴れ、大韓民国も希望に満ちて見えた。私は弁護士とチームメンバーたちと一緒に勝訴祝いのコーヒーを飲み、ここまでの間ありがたくも苦労して助けてくれた人々と、喜びをわかち合った。一審が終わった他の仲間たちに控訴状が来たと聞いていたため、次の裁判があるだろうと予想していたが、この瞬間だけは「正義」を味わった。一週間後、控訴状は確かに書留で配達され、私たちは控訴審の準備を始めた。数カ月待ったのち、一回の公判で裁判官は一審の判断を認め、検察側の控訴を棄却すると判決した。再び勝訴したのだ！　上告はなかった。待つこと、耐えることの連続だった裁判がすべて終わった。本当に、すべてが終わった。年が明け、再び花が咲き、夏が近づいてくる時期に、私は自由になった。再び堂々とフェミニズムを叫んでもよいし、オンラインでフェミニストとして生きていってもよいことが、何よりうれしかった。

ウェブ漫画家が打ち上げた小さなボール

フェミニズムはなぜメガリアを無視するのか

裁判の憂鬱の中でも私は活動を止めなかった。ただぼんやりと家に閉じこもって泣いてばかりいるには、現実社会の変化が多すぎた。私はウォーマドが主催するネクソン社声優不当降板抗議デモ〔訳注・ネクソン社制作のゲームに出演した女性声優がメガリアTシャツをSNSにアップし、非難を浴びて降板させられたことに対して抗議した。タイムライン参照〕に参加した。猛暑の中、歩道のブロックに座り、のどもはり裂けんばかりに声をあげた。もしや裁判に不利になるかもと布で顔をぐるぐる巻きに隠しての参加だった。不当なことに立ち向かって戦えば、私が経験したことが繰り返されなくなると思った。告訴されている者とバレないか恐れたが、幸い何ごともなく、以降ナプキン価格引き上げ反対デモ〔訳注・周辺国と比べて韓国では生理用ナプキンが高価な上、ナプキン価格の上昇率が他の物価上昇率に比べて不当に高いとし、ソウルの工事現場の白い壁に赤い色水をつけたナプキンやメッセージの書かれた紙を貼って抗議した。タイムライン参照〕、ダブルスタンダード捜査反対デモ〔訳注・女性の盗撮被害を長年放置してきた一方で、ヌードモデル男性の盗撮写真をネットに上げた女性をすぐに逮捕するなど、被害者が男性であれば迅速に操作する警察に抗議し、被害者が女性でも隠し撮りを積極的に取り締まるよう訴えた。タイムライン参照〕に続けて参加した。

そんな中、私たちのメンバーが「韓国女性財団」主催キャンプへの参加を提案した。フェミニスト学者と活動家、またはフェミニズムに関心のある人々が2年ごとに集まるイベントだという。私はキャンプに参加し、オンラインで消された人たちのことを知らせたいと思った。キャンプのテーマはメガリアと江南《カンナム》駅10番出口殺人事件〔タイムライン参照〕以後、爆発的に広がったフェミニストたちの活動についてだ。私も女性への暴力をテーマにした分科会で発題することになった。いくつかの講演と発表が終わり、休憩時間になると、私の状況を知っているある方が提案した。ここは安全だから、みんなの前で経験したことを話してはどうかと。私は慎重にならなければと思ったが、この場にいる人たちでなければ誰が私たちを理解できるだろうかと、フリートークの時間に手をあげて話した。

「私は告訴されたメガリアユーザーです。みなさんはメガリア世代の成果を話されますが、今多くのメガリアンたちはオンラインでの死を経験しています。実際に活動しているメガリアンは数百名にすぎませんが、そのうちの百名あまりが告訴されました。私たちは女性団体がメガリアを助けてはくれないと思っています。だから告訴された人たちは個人的に示談金を用意したり、罰金を払ったり、裁判をしたりしています。実際に助けを求めたのですが、団体から拒絶された人もいました。告訴された人たちは日常を破壊され、オンラインから去っていきました。これからも告訴は続き、初期にメガリアで活動していた人々は去っていくでしょう。私はメガリアの現在の状況を伝えたいのです」

フェミニズム・ブームを祝うお祭りのような雰囲気だったキャンプが、冷や水を浴びせられたように静かになった。私の発言の後に活動家たちの話が続いた。彼女たちはまったく知らなかったとしながら「これまでの活動家は大部分が団体の所属であるため、告訴されれば団体が裁判を支援した。それを個人が丸ごと背負わされるのは不当だ。私たちが力を合わせなければ」と言った。休憩時間になると私の席に多くの人たちがやって来た。各々自己紹介をし、助けが必要ならいつでも連絡するよう名刺を渡し、大変だったねと抱きしめてくれた。これまで関わりのなかったフェミニストたちとの連帯感にめんくらったが、うれしかった。面識のない人たちが抱きしめ、支持してくれたことだけでも十分になぐさめられた。キャンプの最終日、私は彼女たちの団体にオンライン被害に対応する部署があるかと尋ねた。答えは、「現在はそういう部署がないが、この先作らなければならない。若い世代が作れば早いだろう」というものだった。私は誰もその役割を負っていないのなら、私たち世代がやるしかないと考えた。

キャンプが終わった後、オンラインフェミサイド（女性femaleと大量虐殺genocideを結合した言葉。「女」という理由で男たちが女を殺害すること。単語辞典参照）と告訴事件について知らせ、解決するための非公開講演をしようという提案が出た。私はせっかく人が集まるのなら自分の事件ばかり発表するのも惜しいと思い、「デジタル性暴力アウト」（後述のソラネット実態告発のためのメガリア内チームから始まった反デジタル性暴力活動団体）によるオンライン性暴力根絶活動と、個人情報暴露の被害にあった女性の事件を発表しようと提案した。二度の非公開発表は成功し、それをきっかけにさまざまなフェミニズムのグループで発表してくれとの要請が続き、私はオフラインでオンラインについて知らせる役割を担うことになった。彼女たちと会ううちに、私は「なぜフェミニストたちはメガリアを無視したのか」に対する答えを知ることになる。オンラインにアカウントを一つか二つしか持たない彼女たちは、オンライン空間で何が起きているか知ることもできず、メガリアがなぜミラーリング戦略を使うのかも理解できなかった。彼女たちの質問に答えながら、私はオンライン活動家とオフライン活動家の頭脳自体が別のアルゴリズムで動いていると気づいた。オフラインに根拠を置いている活動家たちに理解してもらうには、私自身もたくさんのことを考えなければならない。私にとってはあまりに当然のことでも、彼女たちにはまったくそうではない。「どうしてそんなに過激な言葉を使うのですか？」といつも質問された。

1980〜90年代の言葉と21世紀オンラインの言葉は違う。私たちは21世紀オンライン男性たちと戦い、彼らと同程度の言葉を使用する。しかし世間は男性たちの言葉づかいを見ないまま、私たちの言葉づかいだけを見てヘイト勢力だと非難する。私は私たちの世代を理解してくださいとも言った。この他にも「メガリアは何を目的に活動しているのですか？　どんなことを目指しているのですか？」「コメントは会員に向かって書いたのですか？　それとも漫画家に影響を及ぼそうとする行為ですか？」などの質問があった。オンラインプラットフォームは大雑把な性格と規則があるだけで、全員が同じ目的で動いているわけではないと説明しなければならなかった。「私が話す内容は、オンラインフェミニストたちについての私の分析でしかありません。これがメガリアやウォーマドのすべてを説明しているとは言えません。みなさんが直にサイトを訪問して、少なくとも一週間は見てみなければ。現在起こっている変化を知る必要があると思います」。そんな話をやりとりしながら、私はオンライン女性運動の代表者ではない匿名の一人として活動するため、私の活動名を「キム・インミョン《匿名》」とした。

　彼女たちは発表が終わった後の打ち上げでも熱をあげて質問し、ある人は自分もウォーマドをやっていると告白した。私がオンラインの言葉を使うたびに、みんなスマホで検索するのに忙しかった。ウォーマドカフェに加入しようとしたのだが6・9（単語辞典参照）の意味がわからず、これは何なのかと尋ねてきた人もいた。オンラインの言葉もよく知らず、ウォーマドの言葉にはそれこそ接したこともない彼女たちは、私が一つずつ単語の意味を説明すると喜んでくれた。自分たちが早くに知ることができず、助けてあげられなくてすまなかったという言葉とともに、メガリアを理解しようと努力する彼女たちの姿を見て心が温まった。たとえメガリアの戦略に賛成できなくても、違いを確認しながら私たちは対話できた。彼女たちは心からメガリアを助けたいと言った。公開募金が不可能な告訴事件のため、非公開で出会った大部分の人々が快く募金してくれ、そのおかげで十分とは言えないまでも弁護士に謝礼を払うことができた。

オンライン女性たちのためのプラットフォーム

2017年の真夏のある日、友人からある記事が送られてきた。ウェブ漫画家に対し、「韓男虫」という言葉を使ったとして、侮辱罪で罰金30万ウォンを科された学生についての記事だった。私の事件がすべて終わってからまだいくらもたっていないころだ。体が震えてきた。裁判中に感じていた恐怖が襲ってきた。告訴された者の悲惨な心情がそのまま伝わってきた。この人は大丈夫だろうか、どれほど悲しいだろう、どれほど切実に勝訴を望んだことだろう。

私はこの先、こんな告訴がさらに増えるだろうと思った。告訴人たちはまず示談金というまみを味わった。私たちを告訴したウェブ漫画家は刑事と民事で同時に告訴し、告訴された者たちから示談金を受け取った。オンラインでは堂々と「正義のためにしたことだ、示談はいっさいない」と言っておいて、数百万ウォンの示談金を受け取ったのだ。もちろん民事裁判でも裁判所はメガリアを勝たせ、彼に裁判費用の全額を支払うよう判決を下した。とはいえウェブ漫画家が完全に負けたわけではない。告訴された者は裁判で勝ったとはいえ、追加告訴を恐れてオンラインで声をあげづらくなった。一方でこのウェブ漫画家は男性の熱烈な支持を得て、被害者面をしながらあちこちで講演し、堂々といい暮らしをしているのだ。

このように告訴事件は女性たちの精神を荒廃させ、オンラインから去らせたのだから、男性たちはこの方法を使い続けるだろう。だからこそオンライン女性たちのための団体が切実に必要とされるのだ。女性個人がたった一人で告訴への対応をしなくてもいいように、被害者たちが信頼して助けを求めることができるように、被害者を助けるため安全に寄付できるように、そして事件を解決するために、連帯と募金運動を推進する正式なグループが必要なのだ。また私たちが経験したダブルスタンダード捜査をモニタリングし、これを防止するためのマニュアルを制作して女性たちを助けられるようにしなくては……。裁判を支援してくれた私たちのチームは、類似する事件を支援する正式なグループとして活動しようと意見を一致させた。

正式グループをと考えたもう一つのきっかけは、インスタグラムの「韓男パッチ事件」だった。韓男パッチはメガルパッチをミラーリングしたアカウントだった。いつからかインスタグラムの「メガルパッチ」というアカウントで、男たちがメガリア女性たちの個人情報を晒すようになった。このメガルパッチの被害女性たちが警察署に行って助けを求めたが、海外サイトだという理由で捜査できないと言われるばかりだった。韓男パッチアカウントは、性買収［買春のこと］する男、地下鉄の妊婦席に座る男たちの写真を他のユーザーから提供してもらい、公開していた。警察は韓男パッチアカウントの運営者をあきれるような速さで捕まえた。一介のSNSアカウント運営者を捕まえるため運営者の家に押し入って、まるでスクープのように公開映像を撮った。韓男パッチの運営者はあるオンラインカフェで支援してほしいと口座番号を公開し、この知らせを聞いた女性向けコミュニティの会員たちは支援金を送ったが、すぐにそれが当事者ではないのではという噂が広まった。また韓男パッチ運営者はウォーマドとは別のカフェに投稿していたのだが、そのカフェの規定で募金を禁止していたため、韓男パッチ運営者のための最初の募金はすぐに中断された。それなら募金運動はウォーマドでしなければという意見が集まり、ウォーマド運営者が募金運動をしようとしたが、そのウォーマド運営者すら信頼できないという疑いが広がった。ウォーマド運営者は事態を収拾する間もなく広がっていく疑いと、その解明要求に応えていったが、その間並行して受け続けた検察の圧迫と会員たちの疑いに疲れ、運営者をやめると言った。ユーザーたちは謝罪し続けてくれと説得したが、くたびれ果てた運営者を留めることはできなかった。

その間韓男パッチ運営者は捜査過程をカフェに投稿し続けたが、その中には本人に不利になるものも含まれていた。またリアルタイムの投稿は全員を混乱させ、疲弊させた。二日ほど経って、韓男パッチ運営者はカフェを退会し、誰にも知られず行方をくらましてしまう。ウォーマド運営者まで辞めたため、募金の件はうやむやになった。それ以降韓男パッチ運営者がどうなったのか、誰も消息を知らない。当時は私も告訴事件の裁判中だったため、流れてくる投稿を見守るだけで助けることはできなかった。一つ明らかなのは、オンライン女性運動を支援する公式のプラットフォームは絶対に必要だということだ。

一審で勝訴し、シニアフェミニストたちの支持に力づけられ、私たちのチームは強大な団体ではないながらもオンラインとオフラインをつなぐ橋になろうと集まり続けた。オンラインはオフラインに対して不信をつのらせており、オフラインはオンラインを助けたくても会う方法がわからない。私たちのチームは韓国女性団体の支援事業で、私たちが経験した告訴事件を本にして出し、ブックコンサートを開催したいという支援要請書を提出し、最終選考を通過した。「根のないフェミニスト」たちの活動するチャンスが、こうして始まった。

匿名のキムさん、その名で一歩踏み出す

コメントした女性たちを告訴したウェブ漫画家たちと彼らを支持する男性たちは、メガリアを懲らしめてやった、二度と活動できまいと喜んだ。しかし彼らは余計なことをしたのだ。告訴しなければオンライン女性たちは今でもオンラインでキーボードばかり叩いて暮らしていたはずで、オフラインのフェミニストたちはウォーマドをよく知らないまま、直接会おうなどと考えもしなかったはずだ。告訴しなければ、男性たちはオンラインのメガリアとだけ戦っていればよかったが、今や彼らはより強力に連帯した女たちを相手にしなければならなくなった。告訴は小心者の傍観者だった私を当事者にし、多くのフェミニストの先輩、先生方、活動家たちがメガリアの声に耳を傾け、支援のために集まるきっかけとなった。

またオンラインのフェミニストたちもオフラインに出て、互いを認識し合うようになった。男性たちの攻撃は女たちを隅に追いこんだが、逃げ場がないことに気づいた女たちは再び、さらに強く燃え上がったのだ。

ウェブ漫画家たち、彼らは今どう考えているだろう？　自分が告訴したメガリアンたちから示談金と謝罪文を得て、数名を裁判で負かしたが、大概は負けたという結果を受けて、彼らは日常に戻ったのだろうか？　その過程で彼らは何を得たのだろうか？　示談金？　彼らはわずかな示談金を得て、大きなものを失ってしまった。彼らは女性嫌悪コンテンツを制作し、それを批判した人たちを告訴するという不名誉な行動をとった。もちろん彼らは女性嫌悪について何の謝罪も反省もしなかった。

あるウェブ漫画家は告訴した相手から示談金とともに受け取った反省文をオンラインに上げて笑いものにしたが、そのため彼の名はオンライン女性運動史に永遠に残り、未来のフェミニストたちから笑いものにされることだろう。女性の人権が確かなものになってゆくほどに、彼らは自分たちが何をしでかしたのか、後々まで振り返り続ける運命に置かれたのだ。

私？　私は女性嫌悪を生産する彼らに抵抗し、女性の声を守るために法と対決した勇気ある女性として歴史に残るだろう。韓国女性運動史に尊い足跡を残した女性たちのように、私もオンラインとオフラインにわかれたフェミニストたちの間に橋をかけるきっかけを作った人として、一つの足跡を残すだろう。名前がなくとも、一つのきっかけになれただけで十分だ！　ウェブ漫画家たちに比べればお金もないし地位もないが、たくさんの女性の仲間ができた。彼らの告訴のおかげで私を守ってくれる女性たちと出会うことができた。お金よりも価値のあることだ。メガリアンという理由ですべての社会的地位が失われるかもしれないが、私には新しい肩書きができた。「オンラインフェミニズム活動家、キム・イン匿名《ミョン》」。しかも身元は確かだ。メガリアがサイトごと消えた今、猫も杓子も「私もメガリアやってた」と主張しているが、私ほど「メガリアやってた」証拠が確かな者もいないのだから！

　女性参政権運動を扱ったイギリス映画『サフラジェット』で、運動のために逮捕された女性たちが監獄を出るとき、他の活動家たちが彼女らに勲章を授与していた。私も私自身と、告訴された他の人たちに勲章を授与したい。彼女たちはオンラインで女性への抑圧に耐え、誰よりも早くその不条理に気づいて女性運動を始め、それゆえに誰よりも早く傷ついたのだ。私たちは彼女たちに借りがある。彼女たちは「女性でありながら男性だけに許されるべき言葉を使った」理由で攻撃を受けた。そして、あらゆる推測に巻き込まれながらオンラインの世界を諦めた。私は彼女たちの名誉を回復させたい。「名誉」という言葉をある者は、特に韓国男たちはあざ笑うかもしれない。だが私は、告訴された人々を名誉ある存在だと考える。去ってしまった彼女たちが、また戻ってくることを願う。私は彼女たちの名誉を回復させる仕事をし、ここで彼女たちを待ち続けるだろう。ともに告訴を経験したメガリアンたちに、この稿を捧げる。

第2章

「招待客募集」を、聞いたことがありますか?

――カン・ユ

「私、告訴された」

「はあ?!」

こんな話は生まれて初めてだ。罪を犯したこともないし、違法なことに関わっているはずもない私の友人が、告訴されたなんて！　誰から？　いったいなぜ？　頭の中に休むことなく疑問が浮かんで、クラクラしてきた。日差しがこうもまぶしいところを見ると、酒に酔ったわけでもなさそうだ。じゃあマジで？　現実に起きてる状況なの？

すぐ会わなくては。やっていたことを全部後回しにして、すぐに友人と会う約束をした。友人は誰にも話せず一人で悶々と悩み、警察の取り調べを終えるなり涙が溢れ、私に電話したようだった。あわててカーディガンを羽織りながら、怒りで歯ぎしりした。友人は私が知っている誰よりも優しい人だ。告訴されるような悪い人じゃないのだ！　私は友人の善行と長所を頭の中で並べながら、誰だか知らないそいつを罵倒した。

「何か勘違いしてるんだろ！　私の友達はそんな人じゃないのに！」

会いに行く道で、友人と過ごした時間が脈絡もなく思い出された。卒業直前、最後に受講した女性学の講座で出会った日、最前列に並んで座り、授業中ずっと笑って泣いて怒ってを繰り返した夏の日。午前は講義、午後には女性の生き方についての討論、夜にはメガリアで活動した、あの時間。24時間ずっと、女性の人生とは何かと悩んだ日々。その何が問題だったのか？　いくら過去を嚙みしめるように振り返っても、友人が告訴されるようなことは思い当たらなかった。オンラインで友人がしでかすような「過ち」とは、いったい何なのか。

集団レイプと一行のコメント

2015年の1年間、もっとも私を苦しめたのは何と言っても「ソラネット」だった。ソラネットが世間では単純なポルノ共有サイトと考えられていたとは信じられない。そこでは16年の間100万人の利用者たちが性犯罪を共謀し、共有し、奨励し合っていた。隠し撮りカメラ（略称「モルカ」）はトイレから通りまで、女性の日常生活全般を侵害しており、女性が撮影または公開に同意していない性関係の映像が、「リベンジポルノ」という名で流通していた。その中でももっともおぞましかったのは、複数の男たちが一人の女性を無惨に踏みにじる「ギャングバング Gangbang」と、酒に酔って意識のない女性をレイプする「酔いつぶれ」だった。

何より私を絶望に追いやったのも、まさにその酔いつぶれ事件だった。朝起きてみると前日（2015年11月14日）深夜2時ごろ、ソウル・往十里《ワンシムニ》のあるモーテルで性暴行がリアルタイム中継されていたという投稿が上がっていた（タイムライン参照）。そのとき感じた心苦しさたるや……言葉で説明することができない。投稿を読んでいる間ずっと全身がぶるぶる震え、総毛立って皮膚がビリビリにやぶれそうだった。口からは意味のないうなり声がもれ、目元は怒りで真っ赤に燃え上がり、涙すら出なかった。どうしてこんなことが？　ソラネットの実態が知られてから、メガリアではソラネットのモニタリング専任チームを新設した。ソラネットで起きる犯罪を少しでも防ごうと集まったボランティアで構成されるチームだ。それでもその日、往十里のモーテルでは一人の女性が何名にのぼるかもわからない「招待客」からレイプされた。女性たちが事件の深刻さを共有し合い、夜を徹して警察に通報しても、警察は創作かもしれないとして捜査を拒否した。

11月14日の一日で絶望と怒りに溢れた投稿がどれほどたくさん上がったかわからない。深夜に通報の電話をして夜通し泣いた人から、別の「酔いつぶれ」事件の被害者だった人まで……。誰もが被害を知りながら防ぐことができなかったことに挫折を感じ、いつでも誰でも「次の被害者」になり得る事実に憤った。一方で当局の放任は、次第にソラネットという怪物を大きく育てていった。ソラネットモニタリングチームは、女性の安全に深刻な脅威を及ぼす「招待客募集」が少なくとも1日4〜5件にのぼるとして、昨日ばかりか毎日のようにこんなことが起こっているというおぞましい事実をオープン掲示板に投稿した。投稿を見るなりメガリアユーザーたちは、当局が傍観するなら私たちがソラネットを閉鎖させようと口をそろえた。どこからどう始めればいいのか誰も知らなかったが、ソラネットという怪物をこれ以上放っておくわけにはいかない。生き残った者の罪悪感を少しでも軽くするため、何であれ行動しなければ。ある者はソラネットが海外のサイトだから決して閉鎖できないだろうと悲観し、ある者はソラネットの長い歴史を並べ立て、閉鎖できるものならとっくにされているはずだと首を振ったが、そんな悲観さえも、もはや私たちを止めることはできなかった。

ソラネット閉鎖のため、多角的な活動がなされた。「女性時代」や「レモンテラス」などの巨大女性コミュニティにソラネットの実態を知らせ女性たちの関心を呼び覚まし、さらに多国語に翻訳して海外サイトでも共有した。またソラネットユーザーたちが海外で行っている犯罪の事例を収集し、海外の領事館にメールで情報提供した。特に児童への性犯罪を厳格に処罰するカナダとアメリカに、未成年を対象とした性犯罪を告発した。そして女性差別を根絶するため多くの力を注いでいる国会議員たちに、性犯罪の温床であるソラネットを閉鎖させてくれと継続的に請願した。そんな多くの努力が積もり積もって、ついにチン・ソンミ議員が2015年11月23日、国会の行政安全委員会でカン・シンミョン警察庁長官にソラネット閉鎖を促すに至り、これをきっかけに警察が捜査に着手、6カ月もたたないうちにソラネットメインサーバーを閉鎖させた(タイムライン参照)。

私は「ソラネット閉鎖プロジェクト」の中でソラネットの実態を英訳する役割を担っていたのだが、モニタリングチームから毎日のようにソラネットの話を伝えられてノイローゼにかかりそうな状態だった。私が翻訳を受け持ったのがこともあろうに往十里の件と同じ「酔いつぶれ」事件で、ちらっと目を通すだけでもつらい話を英訳するためじっくりと、繰り返しチェックしなければならず、正気を保つのに苦労した。どれだけ苦労したかというと、通りですれ違う男たちを見るだけで即座にソラネットが思いだされたほどだ。「ソラネット利用者が100万人というから、今ここにいる男たちのうち誰かはソラネットをやってるんだろう。そしてそのうちの誰かは心神喪失状態の女をレイプしたり、性器に危険物を挿入してケラケラ笑っているんだ」。すれ違う男すべてが腹立たしく、怖かった。結局一週間もたたないうちにメールアカウントを削除し、ソラネット閉鎖プロジェクトから降りてしまった。

私の友達は
そんな人じゃない

友人に会いに行く道で、私は女性に暴力を振るい、殺人まで共謀する数えきれないソラネットユーザーのことを考えていた。しかし告訴されたのは私の友達だ。ソラネットで堂々と犯罪行為をしでかす者たちではなく、だ。私はカフェでぼんやり座っている友人を見つけて声をかけ、彼女の赤く腫れた目元には努めて気づかないふりをした。席につくなり友人から告訴状を見せてもらい、急いで理由を知ろうとした。いったいどうして？友人のもとに飛んできた告訴状に書かれた告訴理由は、たった一行、友人がインターネットの投稿に残したコメントのたった一行だった。しかも過激なものかというと、そんなことはなかった。「何だこの男。絶対女に金払わせたいだけのチョッペム《チンコ蛇》野郎じゃねーか」。

正直言って、私的な場で友人と交わすようなよくある表現だった。とても口にできないような罵詈雑言を吐いたわけでもない。失笑を禁じ得なかった。ソラネットはもちろん、これまでオンラインでニュースを見るたびに半強制的に読まされるセクハラコメントが思い出された。オンラインゲームやコミュニティで女だと知られるたびに押し寄せてくる性的な侮辱が思い出された。そんなコメントのせいで、私がこれまでオンラインでアイデンティティを明かすことにどれほど消極的になっていたことか！　女性が現実世界で感じている生存の脅威が、オンラインまで拡張されて久しい。オンラインが女性にとって安全な空間だと信じていた多くの女性たちの素朴な希望が、長いこと裏切られ続けているのだ。「たかがオンラインで何の危険を感じるのか」、そう聞く人もいるだろう。逆に尋ねたい。無意味で不合理な侮辱があちこちから押し寄せたら、どうやって自分を守ればよいのか。男のふりをし、男の皮をかぶっても感じられる屈辱、羞恥心は間違いなく私を傷つけていた。私はオンラインでも弱者だった。ひたすら女性であることを隠すことだけが、最善の防御にして攻撃だった。しかしそうやって私がオンラインを見限っている間、友人はそんな危険な場所で女性の自由意志と声を力一杯発していたのだ。彼女は私より勇気があって、立派だった。私はどうしてよいかわからなかった。告訴状を見ていると悔しさを通り越して、不気味さすら感じた。

震える手をどうにかおさえて告訴状をじっくり読んだ。その分厚い分量に見合うだけの絶望でいっぱいだった。法律ほど政治的なものもないが、正当防衛についてのダブルスタンダードはあきれるほどだ。「女も男のように話すことができるんだ。口には気をつけろ」という警告は、発した友人にまっすぐ返ってきた。社会は堂々とした、つつましくない女を望まない。女は人間である前に女であり、嫌悪に立ち向かい戦うための強い言葉すら許されないのだ。私はあちこちで起きている無分別な女性嫌悪にうんざりしていたが、かといって友人に対女性嫌悪の最前線に立ってほしいとは思わなかった。友人が傷つかないよう、友人の未来が台なしにならないよう願った。たかがコメント一行だ。友人の将来有望な人生を懸けるほどのことではない。

できるだけさっさと片づけようと説得する私の目をじっと見て、友人は他の被害女性たちのことを話し始めた。「『韓男虫』とたった一言書いた人も告訴されたの。告訴された人が50人にもなるんだよ。この件をきっかけにみんなが息を殺して生きるようになったら、どうしよう?」

友人は多くの女性たちが自分と同じ立場に置かれているとして、「私」ではなく「私たち」の心配をしていた。結局友人は女性学講座の先輩たちにメールを送り、私はその様子をハラハラしながら見守った。友人が巻き込まれた告訴事件はオンラインでも大きな論戦を呼び起こした。「自由な発言に責任がともなうのは当然」というそもそも論を語る者も多く、「よくそんな言葉が使えたものだ」と告訴された人たちをまとめてゴミ扱いする者も多かった。コメントをした女性たちへの度を越した非難を見ながら、私は「これもまた女性嫌悪じゃないのか?」と考えた。私にとってはあまりに当然で、多くの女性が直面しているこの問題が、まさか論戦になるほどのことだとは。先輩たちは友人の話を聞くやいなや腕をまくりあげて助けてくれたが、私は時間が経つにつれ疲れていった。私たちを取り巻くあまりに多くの人々が、この事案について決めつけたような言葉をぶつけてくる。私はたくさんの人に同じ反論を繰り返して声が嗄れそうだった。「女性嫌悪コンテンツを生産する人に向かって、政治的正しさを求めるなんて無理な話だ!」、「文脈は関係ない。汚い言葉はまた別の嫌悪を生むだけだ」。そんな話にならない批判が、毎度私を爆発させた。不公平な社会で「どっちもどっち」と主張するのは、差別に加担することだ。しかもそのころ起きた、聞くもおぞましい「江南駅10番出口殺人事件」のため、私は告訴事件とすべての女性嫌悪事件をからめて考え始めていた。半ば理性を失っていた。

私たちに「間違っている」と言う
社会が間違っている

法的な紛争がこうも個人の生活に深い影響を及ぼすとは知らなかった。私が無知だったのと同じくらい、おそらく友人も知らなかったことだろう。たとえ事前に多少聞きかじっていたとしても実感はできなかったはずだ。気軽に裁判をしようと勇気を出せたのも、無知が一役買ったためかもしれない。法的紛争、中でも裁判は予想をはるかに超える影響を生活に及ぼしてきた。友人は計画していたことを何もかも一年以上先延ばしにし、平日に開かれる公判に出頭するため仕事もできなかった。年はとっていくのに、財産も特にないのに。すべてが止まってしまった状況で友人は悲しげに笑い、私はかける言葉がなかった。状況を把握しようとすればするほど心は重苦しく、何もかもが不平等に感じられた。

友人と一緒に弁護士との面談を終えて戻ってきたある日の夕方、酒に酔って塀に立ち小便している男を見た。友人は非常識な人だと露骨に嫌悪感を示し、私はその人がもしや私たちに危害を加えやしまいかと友人の腕をつかんで引き寄せた。しかしそうやって歩いていて突然、私の中の私が悲鳴をあげた。いつまでこうしてこそこそ生きるんだよ！　誰かに危害を加えられないよう注意に注意を重ねて生きるのが人間らしい生き方か？　私はここに至ってようやく友人が裁判を選んだ理由を、心から理解することができた。誰にでも自分の意見を言う権利がある。その上出版物となれば、批評はますます自由でなければならない。それならばなぜ友人はこんな苦痛に耐えなければならないのか。告訴された他の人たちは？　本当にそれが正義ならば、なぜ女性にばかり撤退を強いるのか。それこそ女性の自由を剝奪する、社会的な強制ではないか。江南駅で殺害された女性のように、自分も公共の場で〝精神異常者〟に殺されはしないかと恐れて、家に閉じこもっているようなものだ。

雷が落ちたように悟ったからといって、私が一連の経験をしてよかったと考えているわけではもちろんない。依然として裁判は人生の計画を遅らせ続けた。忘れたころにやって来る公判日は友人の神経をナイフのようにとがらせた。友人も私も生活の疲れをあえて口にはしなかったが、黙っていても常に憂鬱は襲ってくる。友人と一緒にいるとき、空気は重く、考えも沈んでいった。ときどき会話が途切れると、私たちは気まずい空白を埋めるため、映画や演劇のような軽い楽しみに逃げ込んだ。もちろん根本的な解決にはならなかった。

結局私たちがこの憂鬱を克服するために選んだ方法は、正面突破だった。他の被害者とともにこの事態を正面から解決していくこと。初めは友人が彼女たちとまとまることで法的な不利益が増すのではと心配したが、時間とともに友人が正しかったと思い知った。「私」から「私たち」になった瞬間、被害は個人的な問題から社会的な問題へと置きかえられた。告訴された者たちは、たまたま不運に見舞われた個人ではなく、組織的な加害を受けている女性嫌悪の被害者として位置づけられた。私たちは同じ立場の人と会うたびに強くなっていった。自分が間違っているのではなく、自分を取り巻く社会が間違っているという確信……。当時私たちが何より切実に必要としていたのは、ひょっとするとそんな確信だったかもしれない。自信の強い人でも、みんなから非難されれば本当に迷い出してしまうものだから。

憂鬱が収まってくると、状況も少し変わって見えてきた。それまでは自分が誰の助けも得られず、人里離れた廃墟にでも住んでいるような気分だった。私の人生において、私の問題は常に私だけの問題だった。こじれた家父長制、不透明な未来、過酷な経済環境、女性を狙った組織犯罪、すべては刃のように私の足元に突き刺さっていた。ときには一歩踏み出すことすら恐ろしかった。失敗など許されない生活だったから。けれどもこの事件をきっかけに、私たちはもう一人ではなくなった。他の人たちが風のように私を素通りすることはもうない。ときに私たちは手を取り合い、体温をわかち合い、優しく互いのそばに寄り添った。この感覚を私はこう呼びたい。「絶対的連帯感」。私は生まれて初めてすべての女性たちを信じ、愛するようになった。そしてさらなる確信を持つようになった。私の苦悩と困難は、女性として生きるほかないゆえのものだと。友人への愚にもつかない告訴も同じことだ。

火花となって燃え上がり……灰になれとでも？

しかし、それもどれほど甘い考えだったことか！　我が人生の敵はもっぱら「男」だけ、なんて考えは非常に危険だった。女性だという理由だけで誰も彼も味方と考えることは決してできない。過去の経験を通じてよくよく知っていたはずなのに、当時は女性なら味方だと信じ込んでいた。私たちはオンラインコミュニティで、手を貸してくれるという一人の女性に出会った。彼女は自分の過去の経験をもとに、告訴された人を助けようとする学生活動家だった。彼女に対して、私たちは愚直にも自分たちの個人情報をやすやすと伝え、彼女の助言と支援を通して結束しようとした。オンラインで匿名の誰かと会い、まったく同じ目的に向かって行動する？　笑ってしまうが当時私は女性という理由だけでそれが可能だと信じていた。しかし無謀な期待は当然ながらあっさりと裏切られ、私たちは彼女に個人情報を晒されるのではとガクガク震えることになる。彼女は個人情報を人質にし、大義のため先頭に立って果敢に立ち向かえと、私たちの背中を強引に押し続けた。彼女の描く大きな計画の前で、私たちの恐れなどは完全に無視され、意志も踏みにじられていった。

彼女がそれほどの大混乱を引き起こしてでも成しとげたかったのは「憲法裁判所への訴えを通して侮辱罪を撤廃すること」だった。もちろん侮辱罪をなくすのには賛成だ。侮辱罪がなければ、女性嫌悪に対抗する女性たちの攻撃的な発言が、これ以上処罰を受けることはないから……。しかしそれは実現可能なのか？　荒唐無稽とすら言える彼女の政治的な目的に怒りを覚えた。彼女の話を聞くと、彼女が友人の未来を担保にバクチを打っているようにしか思えなかった。もちろん私もよくわかっている。自分が一個人でもあり、女性という集団の一員でもあること。私自身の生活を充実させるのと同時に、女性という集団全体に寄与する価値観を支持すべきこと。けれどもそれは、人生の大部分を危険に晒さなければ決して実現しないことなのか。毎日のように押し寄せる彼女の荒唐無稽なカカオトークメッセージを読みながら、私は混乱のるつぼにはまり込んだ。「私の中の女性」と「女性という集団に属する私」が鋭く対立しながら悲鳴をあげているようだった。私の中に女性というものがあるのだろうか、それとも女性という巨大な集団にただ私が属しているだけなのだろうか。前者なら私は女性の社会的地位の低さを認め、女性ゆえに抑圧された私の自由と権利を回復させることに集中すればよかった。後者であればそれでは不十分だけれど。しかし後者だとして、何をどこまで犠牲にしなければならないのだろう。私という個人を完全に削除し集団のかけらとして生きるべきなのか。あるいは先覚者であったナ・ヘソク［訳註・1896年〜1948年。画家、彫刻家、作家、詩人。また女性運動家であり日本植民地時代の独立運動家でもあった］のように火花となって燃え上がり、一握りの灰と化せばよいのだろうか。そうするだけの能力も、意志もないままに？

毎日のようにカカオトークに溢れる彼女の主張は、私にとって暴言でしかなかった。幸い他の人たちも彼女の政治的な目的に気づき、次第に彼女の助言を拒否するようになり、ひと月ほど経ったころには全員が彼女から解放されていた。本当に幸いだった。彼女が残していった被害を思うと決して幸いなどと言っていられないが、それでも彼女のカカオトークがなくなったことだけでも道が開けた気分だった。まずは余計な被害を少しでも減らそうと、支援の活動範囲を縮小させた。彼女が四方八方に広めた流言飛語は簡単に収拾できるものではなかった。へたなことをすれば不要な紛争を引き起こす可能性が非常に高い。今取り組んでいる事案に集中すること、それだけが当時の私たちには最善の道だった。しかもこれは新聞に載っている見知らぬ被害者の話ではない。私の友人の問題だった。どんな障害物にぶつかったとしても断じて倒れるわけにはいかない。結論は自然と、結束を強固にする方向へと向かった。

20代、大学卒業証書1枚、非正規雇用、そして女

その件があってから不特定多数の女性に対する絶対的連帯感は一瞬で、火花のように散ってしまった。今考えてみると過剰な防御反応だったのかもしれない。しかしその瞬間、私は誰だかわからない女性のシルエットよりも自分を、そして友人を守らなければと感じ

た。そうなると友人と一緒に裁判をすることになった他の人への関心が急激に薄れてゆく。他人に温かな関心を寄せるだけの余裕がなかった。ひょっとすると当時の私は、侮辱罪廃止のために被害者たちの恐れを無視するあのあやしげな学生活動家に似ていたかもしれない。しかしそのときは友人以外の人の勝訴さえ、心から願う余裕がまるでなかった。しばらくはその人を、単に友人の勝訴に役立つ「事例その1」として適当に扱っていた。もちろんその人の前で不適切なことを言いはしないが、数ヵ月の間その人との間にはいっさい私的な会話がなかった。私が知っているのは彼女の名前、年齢、職業のような極めて基本的な個人情報だけだった。なぜ女性学にハマったのか、近頃は何に興味を持っているのか、好きな飲み物や食べ物は何か、そして今どうやって耐えているのか。ともに困難をわかち合う同志であれば当然知っておくべき情報が排除されていた。常に義務感しかないドライな会話をし、物語をわかち合うかわりに互いについての断片的なイメージをあれこれつなぎ合わせていた。

そんな私がその人を心から受け入れられるようになったきっかけは、どうってことのないものだった。月並みな表現だが「人情」だ。人情が再び私を救ってくれた。暖かな日差しが氷を解かすように、こんなにもまぶしく。先輩たちと友人は私にその人の話をし続けてくれた。私が関心を示そうが冷淡に振る舞おうが、その間友人と先輩たちは静かに私を待ってくれ、私の心の城壁も少しずつ、自然と取り壊されていった。断片的な情報が積もり積もって、ある瞬間その人は私の中で「事例その1」ではなく立体的な一人の人間になった。そして私はとうとう一人の人間に対して、遅ればせながら挨拶をした。一緒にご飯でもどう？　と。

驚いたことに、私たちには共通点が多かった。特に趣味の方面で。私たちはときに夜遅くまで、未来についての話をした。未来！　なんて美しい言葉だろう！　告訴のせいで法廷に出廷し続けなければならない者にとって、なおさら魅惑的な言葉だった。女性嫌悪に屈服するわけにはいかないと裁判闘争を始めはしたが、未来が見えない以上、この告訴事件が何かの傷になってしまうのでは……と心配せずにいられるわけがなかった。だからこそ私たちは強迫観念に囚われるように、バラ色の未来について話しまくった。20代後半、持っているものは大学卒業証書一枚、金もなく非正規雇用で、よりによって女に生まれ、女性学のせいで女性の生き方について知りすぎた女二人。告訴状を送られたか否かの違いはあるが、ときおり不安に神経を削られるのは同じだった。

不安に襲われるとき、彼女は自然の話をした。人間とのいざこざはあまりにしんどいから、自然に返って癒されたいと……。といっても彼女が「自給自足生活」や「エコフェミニズム」を実践しているわけではなかった。自然保護のために活動するほどの心の余裕はなく、農家の生活について深く知っているわけでもなかった。彼女が求めるのは「山村資本主義」だった。女が搾取することのできる唯一の対象である自然を同伴者として、山村を切り拓いて金持ちになること。まあ、方法は違うが私が夢見ることも同じだった。金持ちになること。いい暮らしをしたくてということもあるが、裁判をずっと見守ってきて切実に必要だと感じたものがあったからだ。私は身体的脅威を受けない安全な空間に住みたいし、不要な裁判に巻き込まれたとしても、自分の信念を守りたかった。また、信念を持つ女性たちを支援したいし、同じ立場に置かれている女性たちを助けられるような、経済的な余裕があればいいと思った。そうだ。幼いころに聞いたマザー・テレサの言葉を今こそ真に理解できた。「困難に見舞われた人を助けたければ、成功しなさい」。女が資本主義社会で信念を守るための唯一の方法は「成功」だった。

自分で締め上げたコルセット

必ずや成しとげなければならない至上命令を授けられたように、私は成功する方法を模索した。一獲千金を夢見て毎週宝くじを買ったり、資本もないのに財テク本を何冊も読んだ。終身雇用されるのに有利そうな、ありとあらゆる資格の受験書を読みふけった。ときに「この状態は少しも安全と言えないのでは」という不安が刻々と襲ってきて、私は成功というニンジンを追いかけてどこに行くかもわからず漂流していた。もちろんそういった努力が生きるうえで何の役にも立たなかったわけではない。しかし成功と安全を同一視することは、決してよい考えとは言えなかった。性犯罪と服装が無関係であるように、成功と安全は別の問題だ。個人が成功したかどうかで安全の度合いが決まるなんて！　私のねじ曲がった価値観は当然ながら問題を引き起こした。成功に命をかけていたしばらくの間、親しい友人から破談になったとの話を聞いた。その友人は結婚の準備期間から問題が噴出したため、結婚自体をとりやめるほかなかったと話した。実は友人の急な結婚話には、韓国社会の問題が大きく作用していた。友人は金融業界で働いていたのだが、金融業界というのは昔から、昇進しようとする女性に男性よりもはるかに厳しい基準を要求することで有名だった。友人は高すぎる障壁のために数年間挫折を繰り返し、女の運命は男次第だ、と方向転換して結婚に人生を賭けることにした。しかしあまりに突然決まった逃避のような結婚だったため、準備の負担の大きさが結局は友人の足を引っ張り、性に合わない結婚というものから撤退することになった。近頃よく聞く話ではあるものの、自分の友人の問題となると強い想いが込み上がり、友人に対して「言わんこっちゃない！」とガンガン言いがかりをつけてしまった。女性にとって職業的な成功ほど安全な選択はないのに、そんなこともわからないあんたはバカだ、マヌケだ、などと。当然ながら私の言いがかりは、ただでさえナイフ先のようにトゲトゲした友人の神経を逆なでし、私たちは十余年ぶりにケンカしてしまった。

帰宅する道に街灯の影が長く伸びるのを見ながら、今日自分がフェミニズムという美名の下にわめきちらした「正しい女性の生き方」に関する戯《ざ》れ言を、一つ一つ振り返った。第一に、安全を成功と同一視することはまったく正しくない。それは成功できなければ安全ではいられないということと同じだ。第二に、職業的成功と結婚は反対概念ではない。結婚しても、子どもを持っても、当然職業的に成功することができる。結婚や出産による女性のキャリア断絶は制度の不整備による社会問題で、個人の責任ではない。第三に、価値観は決して強要していいものではない。人生の目標をどう定めようがそれは友人の選択だ。私が押しつけるべきことではない。この他にも指が足りないくらいたくさんの間違いが数え上げられて、ようやく私は不安のせいで自分の思考がひどくゆがんでいたことに気がついた。

私はたかだか一行のコメントに対して溢れかえる非難を見てきた。女性嫌悪コンテンツの生産者たちが善良な被害者ぶってメディアの注目を浴びている間、告訴された私の友人はうつ病の薬を飲みながら法廷に出廷した。フェミニズムのイベントに出たという記録を残してはまずいので出席できず、どこかで記録されてはいけないと数人を除いて自分の話を吐露する相手もいなかった。すさまじい不安と恐怖が刻々と襲ってきたが、何もかも一人でまぎらわさなければならなかった。後で民事裁判になることも考慮すると、どんな記録がブーメランのように返ってきて友人を脅かすかわからない。そんな様子を見ながら、私は少しずつ安全第一主義に傾いていった。少しでもしくじれば、私も直接的な暴力を受けるかもしれないとあせり、不安になった。わけもなく手先や足先がしびれてくるほどだった。以降も侮辱罪を口実に第二、第三の集団告訴がないという保証はなかった。「江南パッチ」や「韓男《ハンナム》パッチ」事件（第1章参照）で見せられたように、法と制度は決して私の味方ではなかった。同じようなことをしても、女という理由だけではるかに厳格な基準が用いられる。不利益を避けようとすれば、結局社会が望む女性になるしかなかった。

なぜ成功したいのかという理由を見失ったまま、私は不安を打ち消そうとより強力にコルセットを締め上げていた。不安がすべてを覆いつくして本末転倒の様相を呈していたが、安全の問題は妥協できるようなものではないので、私はどうにかしてさらにきつくコルセットを締めようと躍起になった。もちろん私がこの矛盾に気づいたとしても、不安のすべてがさあっと飛んで消えるわけではない。いや、むしろ新たな不安がみぞおちの上に降りてくるだろう。成功も正解ではないのなら、女性の政治・経済・社会的安全はどこで見つければよいのだと言いたくなる。もう一度生まれるなら男になりたいと、切実に願った。その瞬間はそれだけが、唯一の解答のように感じられた。

女性たちのつながりが私たちを救う

こうして相次ぐ、まるで終わる気配の見えない不安を終息させてくれたのは、本当にたまたま参加することになった女性会議だった。韓国女性財団が主催した「2016フェミニズムリレー」で、100名を超える第一〜第三世代のフェミニストたちが参加していた。先輩方の強いすすめで引っ張り込まれるように参加した会議だったが、多くのフェミニストたちが紆余曲折を経て活動してきた経験を聞くことでなぐさめられた。侮辱罪はもちろん、さらにわけのわからない理由で罪人のように警察署に引っ立てられた活動家たちも多かった。誰もが信念という剣一本で世間の荒波に立ち向かい、戦っていた。決して私たちだけではなかったのだ。フェミニストであるというだけで、不条理な法によって首かせをはめられているのは。

グロリア・スタイネムは『とんでもない行為と日常の反乱』という本で、女性たちは「ネットワーク」を「ネットワーキング」として認識する経験を通して傷を回復させると述べている。先輩フェミニストたちの経験を聞いたときもだが、一番強くそう感じたのはフリートークの時間に友人が手をあげ、自分の置かれた状況を告白したときだった。友人に注がれる数多くの視線は決して叱りつけるようなものでも、同情するようなものでもなかった。それは連帯感だった。たった一行のコメントで女性嫌悪に抵抗した一人のフェミニストの苦難を、真に理解し助けようとする心……。まさしく視線一つ一つに優しさが込められていた。広いホールに満ちる友人の声と、それに続く温かいなぐさめの言葉……。今でも思いだすと目頭が熱くなる。その瞬間はまるで虹色に輝いていたようだった。両手いっぱいに握らされた名刺の束を見つめながら、友人は涙で声が出ず、私はひたすらありがとうございますと頭を下げてばかりいた。特別な言葉はなくとも、全員が気持ちを一つにしていることがわかった。大変だったねと温かく手を取り、助けがいるなら連絡してねと何度も念を押す。それ以上にどんな言葉が必要だろうか。溢れんばかりの心の温かさだけで、すべての不安と悲しみが消えてゆくようだった。

その日もらった両手いっぱいの名刺が証明したように、結局、連帯がすべての問題の答えだった。連帯はそれ自体が癒しであり、女性運動の出発点であり、唯一の解決策だ。女性会議で喚起されたオンラインフェミサイド問題については、その後もあらゆる方向からたくさんの支援を受けた。弁護士費用の募金から本の発行、複数のイベント企画まで、大きな計画すべてが連帯の力によるものだった。私たちの切実な想いが伝わったのか、裁判も順調に進んでいった。一審で全員勝訴し、続く二審の展望もかなり明るかった。双方とも追加の証拠がないため、裁判所が一審判決を尊重する可能性が高いのだ。しかし私たちの小さな勝利が、現在進行形のオンラインフェミサイドを解決できたわけではない。それは無数のオンラインフェミサイドのうちの、たった一つの事例でしかなかった。私たちが悪戦苦闘している最中にも、フェミニストたちはオンラインでの発言によってオフラインで処罰を受けている。代表的な例が高麗《コリョ》大学「ナンパ事件」だった［訳注・高麗大学の小さなフェミニストグループ「乱交《ナンギョ》パーティー」（略称ナンパ＝難破とかけている）が、他の男子学生から改名するよう迫られ、それに反論する過程がオンライン上で騒ぎになり、ついには大学当局が「ナンパ」のメンバーに対し、卒業に必要な科目の履修を禁じる措置を取るに至った］。

不公正な処罰で被害を受けたフェミニストたちの絶叫がメールボックスに一通また一通と舞い込むたびに、私たちのため息も長くなっていった。始めた当初こそ裁判さえ終われば済むと思っていたが、一難去ってまた一難と、ゴールの見えない戦いを続けている気分だった。裁判という大きな山を越えても制度が整備されていない以上、戦いが終わることはない。いや、制度が整備されたとしても法を解釈する者の大多数が男性であれば、公正な法の適用がなされるわけがない。二等市民として差別されるばかりか、怒りを込めた発言すら統制され、消されてしまうだなんて！　耐えに耐えたあげくにようやく吐き出した一言さえ許さない社会にうんざりだ。たかだか「韓男虫《ハンナムチュン》」というコメントに罰金を払えなどと言う法廷が狂っている。味噌《みそ》女、キムチ女、他にも無数の「なんとか女」という単語にはあんなに無関心だったくせに！　ソラネットを17年も放置していたくせに！　隠し撮りやセクハラなど、女性を対象にした「伝統的」犯罪にはあんなにも寛大だったくせに！

メールボックスにびっしりたまっていくオンラインフェミサイドの事例に向き合いながら、私たちは「フェミニズム・プラットフォーム」の必要性に気づいていった。話の通じない世の中だけれども、それでも言葉を発して生きていかねばならないのだから……。同時多発的に噴き出したアイデアだった。まず、いつでもオンラインフェミサイドに巻き込まれ得る人々のために、しっかりとした法的対応マニュアルと集合知を提供できる空間が必要だ。その空間は裁判中の人たちでも安全に発言でき、個人情報の流出を恐れる必要なしに本心を語れるところでなければならない。また、差し迫った女性の問題に対しては火力［訳註・オンライン上の攻撃力］を集結させ、自由に考えを開示できる根拠地とするのだ。告訴や個人情報流出で脅して女性の意見を黙殺することが、これ以上できないように。広大なオンライン空間のどこにも、私たちが夢見る女性のための空間がないことにあきれ果てるが、だからこそ今からでもそんな空間が必要なのだ。毎日のようにオンラインでそれぞれの闘争を繰り広げるフェミニストたちには、たとえ一カ所でも寄りかかれる場所がなくては。闘争という闘争がみんな背水の陣では、活動は決して続かないのだから。

そのためにも私たちは現実の壁にめげず、フェミニズム・プラットフォームを実現させるその日までこの議論を続けていくことにした。どんな形式のプラットフォームを作るのか、サーバー費用をどうするのか、既存のオンライン・プラットフォームとどうつながり、広がっていくのかなどなど課題は山積みだが、それでもオンライン「ポートピア（韓国語で女性器を指す〝ポジ〟＋ユートピア）」を諦めるわけにはいかない。そしてこの決心は、オンライン活動家たちと出会えば出会うほど固くなっていった。なぜなら安全は決して妥協できる問題ではないから。社会的なセーフティーネットの不在のせいで私が個人的な成功を追い求めたように、安全な空間がない状態が続けば数多くのフェミニストたちがばらばらにわかれ、各自が孤軍奮闘することになってしまう。どうにか作り上げた女性の人権に関する議論の場なのに、なし崩し的に失うわけにはいかない。だから私たちは毎年、少しずつでも「私」から「私たち」へ、オンラインからオフラインへとつながりを広げていけるよう、フェミニズム・プラットフォームが生まれるその日まで、今できる小さなことをすることにした。すぐさまオンライン上に完璧な対案を出すことはできないから、たとえオンラインとオフラインの中間地点ででも、大変な思いをしている姉妹たちの手を取りたかった。2017年に女性運動家の先生方のグループである「ジェンダー・リサイクルショップ」とともに、オンラインフェミニストたちで集まって月に一度の勉強会を開いたのもその一環だ。

来る2018年には『知的対話のための広くて浅い知識』〔訳注・韓国ベストセラー書籍のタイトル〕のように、メディア、科学、歴史など複数のテーマを合わせて、そこに溶け込んでいる女性嫌悪とフェミニズムについてトークするポッドキャストをやるつもりだ。私の小さな努力だけでフェミニストたちの安全を守ることはできないが、私が他のフェミニストたちから受け取った連帯の力を少しでも伝えることができたなら、明らかに意味のある仕事になるはずだ。

第3章

怒りは我が力、オンラインの魔女狩りに立ち向かう

——イ・ウォニュン

メガリア、それは言葉にして勇気

もう沈黙はしない

今日、大韓民国の20代女性たちに、女性の人権に目覚めたきっかけは何かと聞いてみれば、相当数がメガリア、またはメガリアをきっかけにした数々の議論だと答えるはずだ。私も同じだった。いつだったか正確には覚えていないが、ときおりニュースを通じて、メガリアという場所ですごいことが起こっているらしいとは知っていた。そんなころ、友人に「あんたが関心ありそうだから」と見せてもらった週刊誌「時事ＩＮ」のメガリア関連記事を読んで、好奇心からアクセスすることになった。

もちろんメガリアという具体的な場が生じる以前にも、何かが間違っていると感じたことは数えきれない。私や他の女性社員たちの容姿に順位をつけて値踏みする男性の先輩・同期・後輩たち。私の前で性買収の経験を平気で話題にする男たち。苦痛を受けている性暴力被害者たちを非難しあざ笑うオンライン上のコメント群……。いちいち列挙すれば息切れしてしまうほどだ。しかしその不快感を表現できる言葉は、ないも同然だった。大多数の女性たちがその不快感に耐え忍び沈黙する韓国社会で、生意気にも「これは不当だ」と声をあげる勇気はなかった。

私の見たメガリアは言葉であり、勇気だった。女性たちがしっかりと目撃していながら、はっきりと感じていながら、明確に存在すると言い切れなかった何かに、メガリアは名前をつけていた。一人だけ目立ってしまうんじゃないかと恐れて声をあげられなかった私に、苦しんでいるのは自分一人ではないことを、怒っているのは自分一人ではないことを教えてくれ、勇気をくれた感謝すべき存在だった。

しかしメガリア誕生から2年がたった現在、サイトは抜け殻を残して消えてしまい、そこで発言していた勇敢な女性たちも一人、二人と去っていった。私たちのもっとも強力な武器であった「ミラーリング」という戦略は、ブーメランのように私たちに返ってきた。私たちがパロディ化し風刺していた人たちが逆に風刺劇を見て私たちを非難し、私たちの顔に〝緋文字《ひもんじ》〟を刻んだのだ。

ミラーリングはブーメランとなり返ってきた

この十数年、オンラインで数多くの女性たちの体が「一般人セックス動画」「トイレ隠し撮り」「一般人盗撮」などの名で商品化されてきた。それにもかかわらず誰もこれについて言及せず、誰も事の深刻さを指摘しなかった。ところが２０１６年のある一時、男たちがオンラインチャットをしながら上げた自分たちの裸体写真や動画が誰かによって拡散され、またその映像をネタに脅迫されたという記事に世間は騒然とした。警察は裸体写真がこんなに大量に流通し拡散されるオンライン性犯罪は初めてだとしてオンライン専門チームを作り、メディアというメディアは前代未聞の極悪非道な犯罪だと大げさに騒ぎ立てた。「数百名の一般男性の裸の写真が大量流出されたとして警察が捜査に動いた。警察は金目当ての脅迫用に使われた写真が、さらに販売用に利用された事例は初めてだとして被害状況を鋭意注視中。……この間、問題の写真は被害男性らを脅迫し金を奪う目的で悪用されてきた。金を出さなければ知人たちに映像を送るという脅迫に耐えられず自死にいたった例もある（「朝鮮日報」２０１６年12月20日の記事より抜粋）」という記事を見た私は、怒りを鎮めるのに一苦労した。裸の写真を金目当ての脅迫用に、また販売用に悪用された事例が、「初めて」だと？

私は今でも、初めてソラネットの存在を知ったときのことを記憶している。無数の男たちが自分の恋人や妻とのセックス動画を隠し撮りしてアップするその場所、妹が下着姿で寝ている写真や、学校の同級生女子や道を歩く女性たちのスカートの中を隠し撮りしてアップするその場所、写真や動画を上げながら他のユーザーたちにセクハラコメントをしてくれるよう頼むというおぞましいサイト、酒または薬に酔った女性の裸体を撮ってアップし、レイプしている動画を共有し、一緒にレイプする「招待客」を募集する極悪非道なサイト。全韓国女性たちの悪夢であり最悪の恐怖となったソラネットという名、そんな場所があるという話を初めて聞いたとき、もしや自分の体もそこに上げられているのではと恐ろしくなった。自分の家族、恋人、男友達、通りすがりの男性たちすべてが私にとって危険な存在となった。一度こっそりと複数のアダルトサイトを検索してみたりもした。私の友人たちも皆同じ恐怖を感じたと言う。韓国女性であれば、10年以上もソラネットというサイトが存在するという事実だけでも不安と恐怖を抱くのに十分だ。それについて誰も進んで話をせず、被害者が息を殺している間に、加害者は「作家」と称えられ持ち上げられていた。こんなデジタル性犯罪が跋扈《ばっこ》していた十数年間、女性たちの恐怖は世間に知られず、誰も伝えてくれなかった。オンライン性暴力被害者たちの壮絶な苦痛は、当事者だけの問題として済まされていた。

怒った女性たちは、反対に男たちの体を撮ってオンラインに上げ始めた。男性同性愛サイトに上がっていた男湯の隠し撮り写真をシェアし、電車の妊婦優先席に座る男たちを隠し撮りしてアップするアカウントもあった。このことが新聞で大きく扱われると、ソラネットユーザーたちを処罰してくれとの私たちの要求には「被害者がいない」とびくとも動かなかった警察が早速捜査に乗り出した(「東亜日報」2017年2月10日。タイムライン参照)。

毎日のようにレイプされている女性たちの動画が上がり、気を失っている女性の体に刃物を刺し、侮辱的な言葉を書きつけた写真が上がっているソラネットは一度も問題にならなかった。女性たちの体を毎日売り買いする男たちの犯罪について誰も記事を書かず、どの警察署も専門チームを作って犯人を捕まえてはくれなかった。しかし男性が被害者となった瞬間、魔女狩りが始まった。ソラネットは匿名を使ったサイトだからと10年かかっても犯人を捕まえられなかったはずなのに、今回はたった数日で逮捕され、それまで数えきれないほど女性の体を売買し続けてきた男性たちは、たった一度の動画流出によってあっさり被害者と認められた。私はずっと問い続けている。女性たちを撮った性犯罪動画で、女性たちは被害者ではなくエロ動画のポルノスターのような存在なのだろうか。だからまだその動画を拡散させた男たちを捕まえる気にならないのだろうか。韓国社会はポルノの主人公ではなくオンライン性犯罪の被害者に、本当に、そこで初めて、出会ったということなのだろうか。それ以前の多くの女性たちの涙は見えてこなかったのだろうか。それこそメガリアの闘争戦略であるミラーリングの効果が明白に立証された瞬間だった。男性が同じ被害を受けるまで、女性の被害者は見えなかったし、存在しなかった。女性被害者たちは彼らにとって、ポルノだった。あまりにも克明に対比された警察とメディア、大衆の反応を前に、私たちはいっそう怒りに燃えた。

江南駅10番出口、女性嫌悪社会の出口へ

私が社会に向けて発言するようになった決定的なきっかけは、「江南駅被害者追悼デモ」に参加していた女性たちへの魔女狩りだった。２０１６年5月17日、江南の真ん中で起

こった殺人事件（タイムライン参照）。ある男性が一面識もない女性を、ただ女という理由で、カラオケ店のトイレの前で数回凶器で切りつけ殺害した事件。その事件は数多くの女性を震えあがらせ、トイレという空間への恐怖を抱かせた。私は今も、外でトイレを使っていてドアの前に人気を感じると冷や汗が出る。

事件以降にも恐ろしいことが起こった。「江南駅10番出口に、殺害された女性を追悼するポストイットを貼ろう」という投稿がツイッターに上がったころだ。数日のうちに江南駅10番出口に数百人が集まった。10番出口はまたたく間に女性嫌悪と女性への暴力を糾弾する女性たちのための広場となった。それまで一度も話すことができなかった恐怖と嫌悪の経験が暴露された。彼女たちはメガリアで活動していたオンライン活動家ではない。もちろんあの恐ろしい「フェミニスト」でもない。ただ女という理由だけで、江南のど真ん中のトイレで殺された女性が自分だったかもしれないと感じ、女性ゆえに一人で耐えなければならなかった恐怖と暴力に疲れ果てた人々だった。

ところが彼女たちの広場に、正体不明の男たちが現れた。始まりはイルベだった。「江南駅に集まった女性たちの主張は男性嫌悪を煽るものだから、男性たちが反対デモをしてこの女性たちを懲らしめよう」という主張が始まりとなった。本当に数人の男たちが、のこのこと江南駅に現れた。彼らは発言する女性たちの写真を撮りネットに上げたが、その結果は見るに堪えないものだった。「犬糞女」や「負け犬女」などと女性たちがオンラインで俎上に載せられたように、彼女たちの個人情報は徹底的に調べられ、誰もが見られるように展示された。彼女たちの顔と体は口にできないような低俗な表現で侮辱され、嘲笑された。この罪のない女性たちへのおぞましい魔女狩りを、イルベユーザー数名だけによるしわざだろうと軽く考えていた人もいたが、彼女たちの写真はフェイスブックでも拡散され、大多数の「普通の」男性たちによって消費されていった。

これらがすべてたったの二日間で起こったというのもさらなる衝撃だった。私が江南駅追悼デモについての記事を最初に見たのは5月20日だったが、二日後の5月22日、江南駅10番出口関連の記事を見ると女性たちの顔は皆マスクとサングラスで隠されていた。男性嫌悪を助長するなと言う〝普通の男たち〟から身を守るためだった。私は怖くなった。これが韓国で、自分の声で発言する女性の末路だった。女性嫌悪に対抗する魔女たちが払わされる対価でもあった。腹を立てた男たちは、自分たちがやっていることの効果をよく知っているようだ。よくよく見せしめにしてやらないと韓国の女たちは正気に戻らない、彼らはそう言った。

イルベと一戦交える

「あんたの顔がイルベに上がってる」

そのころ私は、韓国で性暴力を受けたあるオーストラリア人女性の支援をしていた。彼女は私に、自分の話を取り上げるオーストラリアのドキュメンタリーに出演し、インタビューを受けてくれと頼んだ。韓国で性暴力を受け、警察に通報し加害者を告訴する過程でどんな困難を経験したかを取り上げる時事ドキュメンタリーだ。彼女は韓国の女性嫌悪とレイプカルチャーについて、私に韓国人女性として発言してほしいと言った。

私は江南駅に集まった女性たちに何が起こったかを説明し、丁重に断った。以前にも何度か目撃してきたのだ。この社会が女性嫌悪に対して生意気に声をあげる女たちを懲らしめ、黙らせるやり方を……。韓国社会の一部男性たちは見せしめとして魔女狩りを行い、大多数の男性たちは暗黙のうちにそれを支持し、または傍観した。

私は彼女に、韓国でフェミニズムについて公然と発言する女たちは大変な目に遭うからと答えた。すると今度はオーストラリアの放送局が私を説得してきた。名前も仮名を使い、変装もさせるからと。私は顔にモザイクをかけ音声も変えるよう要求したが、向こうは放送の信頼性を考慮してそれはできないとした。私はやはり恐れを感じてインタビューを拒否し、数日間は江南駅での状況を見守っていた。しかし私の口を塞いでいた恐怖と怒りが、ある瞬間勇気に変わった。放送局から再び連絡が来たとき、私には戦う準備ができていた。「生意気に騒いだりせず、口を閉じていろ」と言う者たちに屈服しないことを見せつけてやるつもりだった。私の顔と名前をはっきりと掲げ、話したいことを話したかった。どんなに凄んで脅迫したところで、おまえたちは絶対に私たちを止められない。そんなメッセージを投げつけたかった。放送局にはこう答えた。仮名も変装もなしに、私の名前と顔で発言すると。インタビューは午前中に行われた。インタビュアーは私がはきはきと、聞いている人たちにわかりやすいよう筋道を立て、説得力のある話をしてくれたと言って勇気づけてくれた。しかし私はカメラ写りの悪い自分の顔がみっともなく映っていないかが心配だった。

韓国において不器量な女のフェミニズムは、信念ではなく被害妄想として受け取られるだけだ。顔を出すインタビューを勇敢にやりとげながらも「美しくない女だからそんなことを言うんだろう」と非難されたらどうしようとおろおろする自分の姿に、ふいにいや気がさした。そしてさらなる怒りが込み上げてきた。誰が私をこんなふうにしたのだろう。私が恐れている男たちのほうは、鏡を見ながら私が感じている恐怖を一度でも味わったことがあるだろうか。インタビューを終えて数日間は、自分の顔が名前と学校、職場、住所、連絡先などとともにネットに掲示され、職場に脅迫電話や中傷のメールが来て……そんな想像が止まらなかった。社会的に殺されるかもしれない、とも考えた。仕事を失うのではと恐ろしくなった。そんな被害にいよいよ耐えられず、逃げるように外国に移住したと噂される女性たちもいた。

案の定、いくらもたたないうちに友人から連絡が来た。友人は心配になって電話したと言った。「イルベにあんたの顔が出てる」。私は震える手でイルベにアクセスし「オーストラリア　インタビュー」というキーワードで検索してみた。「オーストラリアで放送された韓国の性文化」「オーストラリアで韓国のイメージを肥溜めに落とした番組」などのタイトルで投稿が上がっていた。

あまりに明白な意図を持つ投稿だった。私のインタビューの特定の部分だけを翻訳し、スクリーンショットを撮ってアップし、私の名前も一緒に載せ、韓国男子を売り渡した女だと説明していた。私が国に恥をかかせ、「身のほど知らずにも」韓国の男性たちを一括りにして彼らの名誉を失墜させているとした。投稿者は憤慨のコメントにいちいち同意の返信をしてやりながら、私の個人情報をどこで調べればよいか教えてやり、晒しものにして魔女狩りしてやらねばという意見を煽っていた。インタビューの一部分を翻訳した内容は次のとおりだ。

私：私が申し上げたそのウェブサイト（ソラネット）は、そういう人たちが被害者の写真と動画を上げている場所です。被害者の大部分は、加害者の恋人や妻たちです。
インタビュアー：意識を失った女性がレイプされたとか？
私：はい。その人たちは他の男たちを招待し自分の恋人をレイプさせます。多くのレイプや性暴力は表に出ないでしょう。ひどい場合はレイプが正当化されてさえいます。例をあげると、「作業酒」という言葉があります。これは男が女性を酔わせるために、アルコール度数の高い強い酒を女性の飲み物にこっそり混ぜたものです。相当に甘いので女性は自分が飲んでいる酒が何なのかわかりません。彼女がそれを飲み、酔ったならば……男たちは何であれ思いどおりにできるのです。これが文化的に推奨されています。
インタビュアー：男性が女性を物のように扱い、暴力を振るってもよいという考えが、どうして正常なこととして受け入れられているのでしょう？
私：よくわかりませんね。どうしてそんなふうにまでなれるのか。女性たちは皆、ある程度のセクハラにあった経験があります。韓国においては一種の文化的規範ととらえられているようです（韓国のレイプカルチャーだと言ったのをこのように翻訳されていた）。

前後や中間に省略されている部分が多かったが、ソラネットというサイトと韓国のレイプカルチャーについてのインタビュー内容だった。ソラネットの場合、あまりにもおぞましい事件が頻発している場所でありながら、イルベと同じく韓国のもっとも大きなウェブサイトの一つであるため、放送局側も相当に高い関心を持って質問し、私がそれに対して答えたのだった。「作業酒」については、そのころレモン焼酎やモモ焼酎などの甘い酒が作業酒という名で流行し始め、そのことを友人と話す中で問題意識を持つようになったため、ここで言及したのだった。なぜ「作業酒」と呼ぶのかというカナダ人の友人に私はこう答えた。「甘ったるいから女たちは酒が回ってるのにも気づかず飲み続けるんだよ。そうすると男たちが〝作業〟しやすくなるでしょ。それでそう名づけられたわけ」。冗談のように話す私に彼は尋ねた。「本人も気づかないようにわざと酔わせて、まともじゃない状態にして〝作業〟するって、それはレイプじゃないの？」

彼の質問に私はものすごい衝撃を受けた。呆然としたまま何も言えなかった。私は、性暴力を性暴力とも認識できない社会で生きているんだ……。

生き抜いてみせるし、勝ってみせる

さらに数日後、私の身元がわかったという投稿がイルベに上がった。続いて「国民日報」でも私のインタビューのことを扱った記事が出て、私を告訴してやるという投稿も上がってきた。やがてそれらの投稿は「犬ドリップ」「ルリウェブ」「笑いの大学」など、他のサイトへも拡散された。同じ内容の投稿に対して、罵詈雑言や侮辱、セクハラの程度こそ多少薄まったものの似たようなコメントがついていた。世間はイルベを社会から落伍した敗者たちの集合場所と認識していたが、そのイルベで生産され消費されているコンテンツがそのまま別のウェブサイトへ移され消費されているという真実を、私たちは知らねばなるまい。さらにイルベのコンテンツを他のサイトがどのように消費しているかといえば、イルベのやり方とほとんど変わらないのだ。

私はコメントを書いた者たちを告訴する決心をし、スクリーンショットを集めるため、コメントを一つ一つ読まなければならなかった。怒りのあまりぶるぶる震えているような彼らのコメントを見ながら、ここまで憤慨する姿が滑稽でもあり恐ろしくもあった。「キムチ女はぶっ殺す」という発想が流行語のように広がって、江南駅の例の男は本当に殺人を犯した。万一コメントを書いた多くの者たちのうち一人でもコメント内容を実行に移そうとすれば、私に大きな危険が迫るだろう。それでも私は私が受けた暴力に対抗し、私のように沈黙を強いられてきた多くの女性たちのためにも、彼らと戦わなければと思った。そして必ず勝ってみせると心に誓った。

いくつかの代表的な類型のコメントを整理してみる。口にするのも嫌な文句をここにまで載せる理由は、一部男性たちがどれほど残酷に無差別に攻撃をしかけるのか、普通の女性たちには特に知る機会がないためであり、またこんなコメントには処罰を与えられるという事実を知ってほしいと思ってのことだ。コメントの中でももっとも恐ろしかったのは、私の身元を晒して魔女狩りをさせようとするものだった。

・このクソ売女《ばいた》、身元を暴いて光化門《クァンファムン》の前に引きずり出して、竹槍で刺し殺してやる！　早く身元公開してめちゃくちゃに切り裂いてやれ！！！

・このクソアマ狩らないとダメだよな。

・これはあちこちに拡散させて知らせないと。それでこの女に訂正報道させないと。

・冗談抜きでこいつの顔アスファルトに押しつけてやりたいね。キチガイ女の口を引き裂いて、斧で首切って殺してやりたい。

インタビュー内容を問題視して、国家が私を法的に処罰できるはずだと信じている者たちもいた。１９５０年代で止まっている彼らの感覚は哀れなほど滑稽だった。

・真剣に国家レベルで告訴を検討するとか、もう国籍剥奪して無国籍の身分にしてやれればいい。

・これなら韓国観光公社のほうでこの女を訴えてもいいレベルだろ？？

・この女に損害賠償請求できないのか?
・さっさと市民権剥奪して国外追放するわけにいかないのか?
・これは深刻な国家冒瀆行為で名誉毀損問題だ……世論を喚起してこの女を処罰させなければ。

どういう関係があるのかオーストラリアでの性売買を例にあげ、韓国女性たちを性的に卑下する表現が多かった点は興味深い。

・だからオーストラリアに遠征して売春するわけだ。
・娼婦大国ってこと、すっぽり抜けてんな。
・オーストラリアって言えばキムチ娼婦どものお得意の遠征先だけどな。
・世界的に韓国女は国際娼婦のイメージを持たれてるじゃないか。今回韓国男のイメージをレイプ男に貶めて男女バランス取ろうってか?
・キムチ女どもはオーストラリア行けば自動的にマンコ解放するんだけどなｗｗ。
・売春から国の威信失墜まで全部マンコ女どものせい。

・一度でもオーストラリア行った女は例外なく雑巾《ぞうきん》［訳註・男から性的に使い古された女、売春婦というような意味で、女性を極端に貶める表現］だ。そんなアマどもがよくも。

当然私の容姿を取り上げ、私の発言の価値そのものを下げようとする試みも多かった。

・男に不満が多そうな顔のやつらってどいつもこいつも何かでっち上げてくるよなｗｗｗｗｗ。
・いかにも男性嫌悪してそうな顔。
・何かに似てるよなあｗｗｗｗｗ。
・こういうインタビューするやつってどうして顔が……。

性的な侮辱の意図で書かれたおぞましいコメントも目についた。

・青い目のお兄さんの前でお楽しみがすぎて失神する場面が目に浮かぶ。
・ってことはこの女も韓国女なんだから、そういう目にあったわけですか？　そうでしょ裁判長？
・この犬みてえなクソ女、黒人どもにマワされりゃいいのに。
・来世もキムチ女に生まれてオーストラリア行って集団レイプされてオーストラリア警察に通報しに行って警察官からもう一回レイプされろ。

その中でも、私がインタビューで取り上げた問題が韓国社会に存在すると認めつつ、それを悪いことと考えない人たちもいた。

・そりゃそうだろ。逆に女に酒飲ませたのにヤッちまわないやつっているか？　毎週金土のうち一回はやるもんじゃないのか？
・女に酒飲ませてから始めるなんて、どの国でもやってる慣習じゃねえの？
・酒を飲ませて勢いでセックスするなんて学生にしろ社会人にしろみんなやってるだろ。この国の日常じゃないか？　女たちだってヤられるつもりで男と酒飲んでるんだろ？　はっきり言って男と酒飲む女の9割は……いや9割じゃないや、95パーセントは酒に酔って酒の力でセックスしようって腹だ。

・男と酒飲んでおいてセックス断る女なんているか？

私は弁護士を探した。一人で警察に通報しに行っても素直に受けつけてくれないと、よくよくわかっていたから……。江南駅デモの被害女性たちからさんざん聞いてきた話だった。被害女性たちが自分で告訴状を作成し持って行ったときに経験した困難は、耳にタコができるほど聞いていた。ああだこうだと理由をつけて告訴状を受け取るまいとするケースも多く、加害者たちの身元を確かめてから来いと言ってくる。加害者が何者か捜査するのは被害者ではなく警察の役割であるにもかかわらず、その責任を被害者に負わせようとするのだ。といって加害者を特定すれば、それがコメントを書いた張本人か証明しろと要求したり、加害者と直接対面した席で被害者の容姿をけなしたり、加害者に対して捜査協力要請をSNSメッセージで送るなど（「私は警察の者だが、このコメントをつけた加害者本人に間違いないか」とフェイスブックのメッセンジャーで加害者に尋ねたそうだ）、ありとあらゆる奇怪な経験を聞いた。しかも私は告訴のやり方も知らなかった。難解で長い告訴状を作成し、警察署に何度も足を運び、加害者たちと対面する自信がなかった。

あちこち探し回った結果、オンライン侮辱罪に関して実績のある有能な弁護士と会うことができた。私は弁護士に一つだけ要求した。できるだけ多くの加害者を特定し、直接顔を見て謝罪を受けられるようにしてほしいと……。示談金や処罰その他については、私は関与したくないしそんな時間の余裕もないので、弁護士のほうで適切に処理してくれるようお願いしした。幸い私は有能な弁護士に出会えたし、弁護士選任費用も準備する余裕があったが、大部分の被害者たちはそうではなかった。私が連絡を取り続けている江南駅デモの被害女性たちはほとんどが、「嫌疑なし」の処分を受けた加害者から何の謝罪も補償もなく終わってしまったと言っていた。

告訴状を出して数カ月後、電話がかかってきた。警察署からだった。いきなり警察署に出頭しろと言う。加害者たちについて何も知らず、陳述することもないのに、どうして出頭しなければならないのか尋ねた。警察官は現在告訴の件数があまりに多いので、深刻度の低いものは取り下げなくてはならないと言った。そして「投稿が消されてしまえば捜査ができないことはご存じでしょ?」とつけ加えた。告訴状は弁護士が作成し、私はコメント内容以外はいっさい知らないので、弁護士と相談してくれと答えた。どうしても出頭しなければならないなら弁護士に同行してもらうと言うと、警察官は突然態度を変え、来なくても結構ですと言った。

私は通話内容を弁護士に伝えながら、警察が勝手に私の告訴を取り下げられるのかと尋ねた。また、警察がまともに捜査せずにいることを問題提起できないのか、とも。弁護士は、警察が捜査している時点で不満を提起すると私に不利益が生じる恐れがあるから、事件が終わるまで待たなければと答えた。

数週間後、再び警察署から電話が来た。今度は私の告訴理由が知りたいので出頭してくれとのことだった。出頭し、警察側から聞かされた話はこうだ。金目当てで告訴した「花蛇《コッペム》」ではないかどうか私を調査しなければならない、と。警察は、なぜ私が投稿を削除するよう要請しなかったのか、削除要請をしなかった場合、わざと罵られて示談金を巻き上げる目的とみなされ得ると責め立ててきた。前回警察署から私に電話をかけて、投稿が消されれば捜査ができないとはっきり伝えてきたくせに、何が削除要請だ。しかし警察署のほうでは、誰もそんな話はしていないと言い張った。警察はさらに私のインタビュー内容を指して、本当に韓国男性のことをこう考えているのか、もしや翻訳が誤っているのではと尋ねた。私は翻訳は間違っていないとし、被害事実ではないインタビュー内容についてしきりと質問するのはなぜかと反問した。私の調査にあたっていた警察官が言うには、「罵られるだけのこと（たとえば韓国男性の名誉を失墜させること）」をしたのなら告訴が棄却されることもある、と。このとき、私はやっと気づいた。イルベや他のコミュニティの幼稚な匿名の男性たちばかりか警察までも、私のインタビューが「罵られるだけのこと」だと考えていると……。聴取は延々3時間も続いた。終わったときにはもうへとへとだった。果たして加害者たちもこのくらい徹底的な調査を受けるのだろうか、と思ってしまった。

「僕は女性嫌悪者(ミソジニスト)ではない」

どうにか捜査が進み、私はこれまでに10名ほどの加害者たちと会ったことになる。大学生くらいに見える男性が大多数で、高校生もいた。加害者たちは大部分がイルベにコメントを書いた男たちだったが、他のサイトにコメントした男たちも少しはいた。私は彼らに一つ要求した。オンラインで私に向かって書いた言葉を私の前で、直接声に出して読み上げることを。自分の排泄した言葉がどんなものか、自覚してくれることを私は願った。またこんな恥ずかしい罵詈雑言を自分の口で、被害者を前にして、直接吐き出すときの感情を記憶してくれるよう願ったのだ。

大部分はとても読み上げられず、恥ずかしいと言ってうつむいた。ある男子大学生は悪かったと涙を流した。高校生の男の子は私の顔にツバでも吐きかけそうな勢いで、自分が書いた罵詈雑言を堂々と朗読した。全員同じ主張をした。自分は他のイルベユーザーとは違うと。自分はただ、ときどき投稿を読むだけで、コメントもほとんどつけてこなかったと。イルベで低俗なコメントをつけている「イルベ虫」たちとは違うと……。私が会ったイルベユーザー全員が、自分は「イルベ虫」ではないと信じていた。どうにも不思議なことだ。

ある男性は私に、韓国女性たちがいかに問題のあるキムチ女かを説明しようとした。そして彼らは、オーストラリア女性を支援し始めて以来数多くの性暴力被害者たちに会ってインタビューしてきた私に、韓国の性暴力の件数は他の国々と比べて非常に少ないと熱弁を振るった。また他の男性は、自分が書いたコメントは私に向けたものではなく、オーストラリアに性を売りに行く多くの韓国女性たちを罵ったものだと弁明していた。他の一人は私が男性嫌悪的な発言をしたと非難した。女性たちの直面する現実について話す私に対して「黒人どもにマワされりゃいいのに」とコメントした男がそんなことを言う資格があるのかわからない。また別の人は、その日は会社の面接に落ちて、ヤケ酒を飲みながらコメントしてしまったのだと訴えた。ものすごく憂鬱な日で、まだ就職できないでいるとして善処を求めてきた。彼が就職できないという理由で、いったい何人の女性が彼の罵詈雑言とセクハラ発言を聞かなければならないのだろうか。

高校三年生だという男子は、韓国に女性嫌悪はなく、レイプカルチャーもないと言った。自分は同い年の異性たちが好きだし、お母さんとおばあさんを尊敬しているのだから女性嫌悪者じゃない、と言った。私の容姿をけなすコメントをした彼は胸を張って自分が書いたものを読み上げた。そして私をにらみつけた。恥ずかしくないのか、と逆に尋ねてくるような表情で。1時間ほど彼を捕まえたまま説得していた。しかし帰宅後に彼が書き送ってきた反省文は、私の努力をあざ笑うかのようだった。

「どのような理由であれ、あのとき侮辱感を与える言葉を使った事実は変わりません。そのためずっと申しわけなく思っています。そして5月13日の今日お会いして気づいたことがあります。人の面前で言えない言葉を使ってはいけないということと、自分と違う考えだからという理由で侮辱的な言葉を吐くのは非常識な行動だということ、そして僕がコメントに書いた、容姿をけなす言葉も性的な羞恥心を感じさせる性犯罪だということです。僕の罪を認めます。申しわけありませんでした。しかし、これだけは弁明としてでも言いたいのです。僕は女性を嫌悪したり差別したりしていません。同い年の異性の友達が好きですし、母や祖母、そして他の女性たちすべてを尊重し、愛しているのです」

自分は女性嫌悪者ではなく、自分が謝るのは相手を前にして言えないような恥ずかしいことをインターネットに書いて私の羞恥心を誘発したからだ、と彼は言っていた。私は別に何も恥ずかしくないのだが、彼は私が性的羞恥心を感じたはずだと確信していた。自分が男性として、女性に恥ずかしさを感じさせる権力を持っていることを少しも疑っていなかった。彼自身は自分を恥ずかしいとも思っていないようで、次の世代は多少マシになるだろうと信じていた私はひどい挫折感を味わった。そして数日後、示談拒否の意思を弁護士に伝えた。

さらに別の男は、自分が侮辱したのは私ではなくレイプ被害者であるオーストラリア人女性だとして私との面談を拒否した。そしてその被害者あてに韓国語で書かれた反省文を送ってきて、当然のように私に翻訳するよう要求した。

「こんにちは。私は韓国に暮らす△△という者です。まずは○○嬢への謝罪のメールが遅れたことを申しわけなく思っています。私も当該警察署から電話を受けたのがつい最近であるうえ、父がこの度がんで入院し、手術をしたことでさらに遅くなってしまったわけなので、お許しください。私も妹を持つ兄として、○○嬢が経験したおぞましく、不幸なことを本当に、大変お気の毒に思っています。○○嬢に対してゲス女などと書いたことについて心の底からお詫び申し上げます。言いわけのように聞こえましょうが、韓国警察がみんな○○嬢が接したような警察官ばかりではありません。骨身を惜しまず市民たちのために奉仕し、努力している方々も多いのです。私の親しい友人もやはり、そんな警察官のうちの一人です。私が感情的になりすぎて○○嬢に対して大人としてよろしくない暴言を吐いてしまったことを深く反省し謝罪いたします。またこの機会にオンラインのエチケットについてしっかりと勉強するようにいたします」

この手紙を書いた男がいったいどれほど年を食っているのかわからないが、彼は最後まで権威的な態度で「大人」としての体面を保てなかったことを謝罪し、自分の女性嫌悪ではなく「オンラインのエチケット」不足を反省していた。私はこの反省文だか説教だかわからない手紙にものすごく腹が立ち、示談はあり得ないので必ず刑事罰を受けさせるよう、弁護士を通じて強く求めた。私は加害者全員に対して反省文を要求した。男性人権団体が作ったあやしげな統計を持ってきたりせずに、本当に女性として生きている周辺の人々にどんな経験をしてきたか尋ね、話をわかち合い、そして感じたことを書いてこいと言った。

彼らが同じ人間として、女性の生き方についてたった一度でも真剣に考える機会を持つよう願った。しかし私との面談の後に彼らが送ってきた数行の反省文は、ほとんど心に響かなかった。彼らの大部分は私がインタビューを受けた事件の顚末も知らず、何も考えずにコメントを書いたと言った。それと同じ態度で彼らはソラネットにアップされたレイプ動画に二次加害のコメントを書き、江南駅デモ被害女性たちの写真に侮辱的なコメントをつけてはケラケラ笑っていたのだろう。本当のレイプだとは思わなかったと弁明し、被害者がどれほどの苦痛を受けたか考えていなかったと正当化するのだろう。自分だけは、似たようなコメントをしている他の大部分の男性たちとは違うと信じながら……。

ある男性は二枚の紙に手書きの反省文を送ってきて、我が国の性暴力後の捜査過程に問題点があると感じた、と告白した。そして女性たちが日常的に経験している暴力に関してまったく知らなかったため、この機会に周囲の女性たちと対話をし、彼女たちの経験に少なからぬ衝撃を受けたと伝えてきた。私は彼の比較的マシな反応に涙が出るところだったが、彼は以降メールで、電話で、示談金をまけてくれと言って数日間私をわずらわせた。

私のことを覚えておけ！

火刑に処せられた魔女は復讐のために帰ってきた

加害者たちは言った。韓国の男たちが全員そんなに問題があるわけではないのに、私が一般化させて話すから韓国男子の名誉が失墜したと。私が彼らのコメントの隅から隅までに含まれた罵詈雑言と性暴力的な暴言を見せ、これでも大部分が問題ないと言えるのかと聞くと、何も答えられなかった。大多数の問題ではない、一部の問題だと言う彼らに、そう言うあなたがまさにその一部だと話したときも、彼らは何も言えなかった。たとえ全員の問題ではなくても、少なくとも自分は問題の一部だと彼らは自覚していた。

彼らは恐怖におびえる私たちに共感し憂慮を示してくれる代わりに、「韓国の男みんながそうってわけじゃない」と釘を刺す名誉ある韓国男性だった。私が話している現実に一緒に怒ってくれる代わりに、生意気にも女性嫌悪について発言した女をレイプして殺してやろうという匿名の男性たちに憤慨する代わりに、韓国男性の名誉を失墜させたこの女を見せしめに魔女狩りしようという意見に同調した。そんな彼らの名誉を、なぜ私が尊重しなくてはならないのだろうか。

私との出会いを通して彼らの世界が一日で変わり得ると期待していたわけではない。ただ、彼らの頑固で偏狭な世界観に、ほんの少しでも亀裂が入ることを心から祈る。彼らに私の顔を、私の視線を記憶してほしい。自分がレイプしてやると脅迫し身元を晒して竹槍で刺し殺してやると脅した女が堂々と存在し、目の前で、自分の口で直接吐いたその言葉を聞いていたことを忘れないでいてほしい。男にこびるキムチ女だと、完全に性売買している雑巾だと侮辱しさげすんできた韓国女性の中に、男である彼らに現実的な脅威を及ぼし得る強靭な女性もいるという事実を一生覚えているよう願う。そして他の多くの女性たちも無礼で残酷な彼らに対し十分に復讐できるという事実に、彼らが恐れを感じることを願う。匿名という仮面のうしろであぐらをかき、他の女性に暴言を浴びせる前に、私の前に座らせられた自分の姿を思いだすことを願う。侮辱罪の被疑者として善処を求めていた自分自身をどれほど恥ずかしく卑劣な存在に感じたか、死ぬまで何度でも思い出せるよう願う。

女性嫌悪と戦う韓国女性に与えられた選択肢は、ただその場で耐えるか諦めるかのどちらかだ。克服などない。私はメガリアを通してそれを学んだ。メガリアはなくなってしまったが、その座は空いたままではなく、すでに声をあげられるようになった女性たちが占めている。私のように「黙っていない」女たちが次第に多くなっていることも、私は知っている。黙っていないで戦ってくれる女性たちがいて、その戦いに勝ってくれる女性たちが増えていることを知っている。数多くの女性たちの勇気から力を得て、メガリアが始めた戦争に勝つことができたが、それぞれの現場で孤独で寂しい戦闘を繰り広げた女性たちは大部分が負けてしまった。その上に彼女たちはものすごい対価を払わなければならなかった。彼女たちの姿を見ていて、私の願いはつつましいものになっていってしまった。彼女たちがすべてを終えて振り返ったとき、少なくともフェミニズムのせいで人生が台なしになってしまったと恨まないでくれれば、と。そして、メガリアをめぐって繰り広げられた女性嫌悪戦争から恩恵を受けた多くの女性たちが、それまで徹底して戦い、倒れていった先達である彼女たちを記憶し、サポートしてくれることを。

オーストラリア女性の性暴力事件とオンライン侮辱告訴事件を経て、私は本当に疲れ果ててしまった。私の隣で一緒に戦ってくれた江南駅デモの被害女性たちも、疲れ果てたあげくに多くが発言することを諦めてしまったという。それでも希望はある。私たちのために戦ってくれる人々が少しずつ増えているから。そしてありがたいことに、メガリアのミラーリングのおかげで「私はキムチ女にならないようにしないと」と女性に思わせ、女性を黙らせ、女性嫌悪を正当化する男性たちの抗弁をこれ以上真に受けなくて済むようになった。

これを書いている理由もそういうことだ。私は怖いもの知らずにも発言した。そのせいで味わわなくてもいい困難を味わわなくてはならなかった。それでも私はものを言い続けるだろう。私にものを言わせたのは怒りだった。多くの戦いがあってもなお、女性嫌悪は続き、女性に対する差別と暴力は依然として蔓延している。女性の犠牲を当然とみなす図々しい男たちを見ながら私は相変わらず怒り、その怒りは私の力となり勇気となるのだ。他の女性たちにも一緒に怒ってくれと、勇気を出してくれと言いたい。周囲の男たちが不合理な要求をしてきたら断り、よくないことをしたならよくないと言える勇気を出してくれたらうれしい。女性嫌悪は存在するのだと、差別をやめろと、一緒に腹を立ててくれたらうれしい。

私の人生における女性嫌悪との戦争は現在しばし休戦状態だが、いつか再び立ち上がり、戦い始めることだろう。今回の戦争は私を疲れ果てさせたが、フェミニズムのおかげで得たことがはるかに多いから。私の価値を貶め型にはめる男たちを、私の人生からばっさり切り落とすことができると知った。これ以上、バカな男たちがビール片手に私の容姿に点数をつける席にあえて座り続けはしない。これ以上、私の知性と能力が女らしい魅力を損なっているとマンスプレイニング（「男」manと「説明する」explainの合成語で、男がいつも女に説明してやろうとする態度を皮肉った言葉。単語辞典参照）する、私よりできの悪い男たちを相手に時間をムダにはしない。代わりに私の知性とユーモアに感嘆し、そんなところが魅力的だと言ってくれる人々と会う。これ以上、私は鏡を見ながら自分がきれいじゃないことに挫折を感じたりせず、太ったんじゃないかと気をもんだりもしない。ムカつく冗談に耐えて無理にほほえみを浮かべもせず、たわごとを並べ立てる男たちにはただ「消えろ」と言う。私を愛してくれ、私が大切にしていることを大切にしてくれる人たちと、すてきな時間をすごす。こうして私の人生はさらに幸福なものとなるのだ。

私は、私が享受できるようになった自由と幸福をわかち合いたい。友人たちには、私がフェミニズムと出会ってものごとを新たな目で見られるようになったこと、その他にもできるようになったことについて話してあげた。容姿以外に価値あるものが、私たちにはあまりにもたくさんあること。自分勝手な男たちの要求を全部聞いてやる必要はないこと。そして男たちが女に許さない自由と幸福を、心の底から楽しんでもいいのだということを。初めは拒否感を示していた友人たちも、一人、二人と変わっていった。「あんたの話を聞いて、日常生活が少し変わってきたよ。見えてなかったものが見えてきたんだ」と感謝の気持ちを示してくれた。

先日アメリカ人女性と韓国の女性嫌悪について話をしていると、その場にいた他の韓国人女性が私に尋ねた。「Are YOU a feminist?（あなたフェミニストなんですか？）」。韓国社会においてまるで烙印のようにずしりと響くその質問に答えられずにいた私の代わりに、友人が言った。「Are YOU NOT?（あなたは違うんですか？）」。フェミニストだということがもう悪い意味を持たない日が来ることを、私は願っている。そしてすべての女性たちが自分を解放するフェミニズムについて気がねなく話せる日が来ることを、切実に待ち続ける。だから今は少々疲れていても、私の戦い、私たちの戦いは続くと信じている。

第4章

オンラインフェミサイド、今度は私たちが話す番だ

――クク・チヘ

「ヒュンジャ」として生きてきた自分を脱ぎ捨てる

私がオンラインでフェミニスト宣言をし、本格的な活動を始めてからもう2年近くになる。メガリアのサイトに初めてアクセスしたのは2015年8月ごろ、フェイスブックを通じてあるメディアの記事を読んでからだ。伝説のMERS掲示板で活動していた者たちが移動して作り上げたメガリアが、彼らの新たな拠り所となっていた。フェミニストとなった他の女性たちが告白したように、当時のメガリアは一度入り込むと簡単に抜け出せないところだった。一週間か十日くらいは寝ることも忘れ、投稿の一文字も、コメントの一行も見逃さずに全部読んだ。中毒性の高い文章を読みながら、私は少しずつ「赤い薬を飲む（女性問題に目を開き、覚醒する。単語辞典参照）」ことになった。メガリアで私は、これまで女性として生きながら味わってきたことを一発で説明してもらえる、という経験をした。私の人生を抑圧してきたものがまさに「ガラスの天井」であり、「コルセット（女性に対して差別的に要求される各種の義務。単語辞典参照）」であり、「マンスプレイニング」「視線レイプ（男性たちが女性たちの体をじろじろ見る行為。単語辞典参照）」「値切り（家父長制社会において女性の容姿や能力、価値をこき下ろす行為。単語辞典参照）」であり「レイプカルチャー」だった。そして多くの場面で、私自身がまさに「ヒュンジャ（韓国語の「ヒュンネネヌンジャジ＝真似するチンコ」を略して「ヒュンジャ」。社会の女性嫌悪に無感覚で、家父長的思考を持った女性たちのこと）」だった。メガリアで連日作り上げられる新語は、私の経験を明快に説明してくれた。ミラーリングはサイダーそのものだった。韓国男とのセックス経験、家庭内暴力、性暴力などに対する赤裸々な告発の投稿は、私の経験とぴったり一致していた。メガリアは文字どおり「ポジ（女性器）たちの遊び場」であり、「解放区」だった。そして本当に、面白かった。

その後私は数カ月メガリアの投稿を読んで過ごし、ときどき面白半分にポ力《りょく》支援（ポ力《りょく》は「ポジ」と「火力」の合成語。インターネットニュースなどのコメント欄から女性嫌悪の投稿を押し流すため、男性を批判するコメントを攻撃的に上げて「いいね！」数を増やすこと）をしたが、本格的に活動しているわけではなかった。自らフェミニストとしてのアイデンティティを持ってオンライン運動に飛び込むまでには、まだ数カ月の時間を要した。2歳の子どもを育てながら生計を立て、仕事も家事もしている間に、メガリアは空中分解しウォーマドが派生したとの話を聞いた。ウォーマドだけではなかった。ウォーマドよりもフェミニズム運動のしかたが穏健な「レディズム」と、フェイスブックの「MERS掲示板保存庫」と「メガリア」「フェミディア」を始め、フェミニズムのページが雨後のたけのこのように現れて、そのころはあえてメガリアやウォーマドのようなコミュニティ活動をしなくてもSNSを通じて情報を得ることができた。それ以前はフェイスブックで数人の知人とだけ「友達」になり、主にちょっとした政治への意見や日常のことを書いていた私は、そんな雰囲気に力づけられてフェミニズムのページをフォローし、有名なフェミニストたちの投稿を読んで、ときどきコメントをつけたりした。

つい最近まで男性が女性を殺害したという記事に対してさえキムチ女、ハニートラップとのコメントがつけられて、女性器の呼称を含めた暴力的な言葉が飛び交っていた。そんなコメントに問題提起すれば「不平のプロ」「プロ神経質女」と嚙みつかれ、男性たちの攻撃を受けた。女性たちは公開されたオンライン空間での発言を控え、女性だけの空間を作り、その中で対話することで不快感を乗り越えた。PC通信時代からオンラインで女性の声は長らく削除されてきた。女性たちは男性名を使ったり、男性のような言葉づかいをして、性別を隠すことによってのみ公論の場に参与することができた。あるユーザーが女性だと知られた瞬間から、男性たちは暴力的になった。多くの場合、結局女性たちが謝罪文を書き、投稿を消し名前を消して、そのコミュニティを去った。ポータルサイトのような公開された討論の場には男性の声ばかりが残り、女性たちは女性たちだけの、入場制限の壁を設けたコミュニティを作って、その中で声を発した。しかし女性コミュニティは男性たちの侵入と個人情報公開によってときに調子を崩し、散り散りになり、結局破壊されてしまった。このような「オンラインにおける女性〝削除〟の歴史」について、私は後になって論文と本を読んで知ったのだが、それまでは特に問題意識を持たずに生きてきた。メガリアがもたらした議論の渦の中で、私は初めて女性問題を「問題」として自覚し、フェミニストとしてのアイデンティティを作り上げることができたのだ。

女性たちはもはや沈黙したり隠れたりせず、広場に出て声をあげ始めた。NAVER（ポータルサイト）の天気予報など、多くの人が毎日見ているページにコメントをつけ「いいね」の数を増やしながら、男性の特権を暴露し、からかってみせた。私たちが、私たち女性がここに存在するということを知らせる運動だった。ある時期から、フェイスブックのニュースページにまともなコメントを書く人々が現れた。そんなコメントに共感し「いいね」を押して、そのコメントが引き起こす論争を見守っては一言ずつ援護するうち、私はいつの間にか戦闘に加わっていた。そうしていてモヤモヤするときは長文を書いて投稿したのだが、それを読んでくれたたくさんの人たちから友達申請を受けた。もらったコメントのうち共感できるものを見つけると、私からも熱心に友達申請や友達承認をし、別名「フェフェミ板《ばん》（フェイスブック・フェミニスト陣営）」というフェミニスト・ネットワークにも加入した。ついには「私はフェミニストだ」と公式に宣言し、さらに多くのフェミニスト仲間ができた。リア友中心の小さなアカウントでちょっとした日常のことを話し、ときにニュースをシェアするくらいだった私にとって、これは完全に新しいネットワーキングの経験だった。私はキーボードバトルを繰り広げ、懸命に投稿した。投稿するたびに多くの人たちの共感を得て、シェアされるうちに、自然と名前を知られたオンラインフェミニストになっていった。そうして自分の役目としての「声」を手に入れたのが2016年4月ごろだ。

標的定め、コメント浄化、キーボードバトル、そして……

フェイスブックではたくさんの人々がニュースへのコメントなどをシェアし、標的を定めながら「コメント浄化運動」をしている。フェイスブックのシステム上、私がある投稿に「いいね」を押せばその投稿は「友達」の目にも入り、私がどこかでキーボードバトルをすればそのコメントも目に入る。そのためわざわざ火力要請しなくとも自然と人が集まるのだ。フェミニズムのコンテンツに「いいね」を押すとリア友の男性たちが難癖をつけに駆け寄ってきて一生懸命マンスプレイニングしてくるが、私が逆に説得したり教えてやっているとフェミニストの友人たちがやって来て援護してくれる、というように……。私もまたニュースフィードでフェミ友の闘いを見かけては参戦し、彼女のリア友、または知らない女性嫌悪者と舌戦を繰り広げる。

SNS空間での論戦は展示されるという特徴がある。常に戦いを見守る人々がいる。私たちがコメント欄で女性嫌悪者たちと論戦するとき、その男性を直接説得するというよりもその論戦を見ている女性たちを説得しているのだ。SNSでのコメント運動が重要な理由はその点にある。閉鎖的なコミュニティと違ってSNSは無制限にアクセスでき拡散もされるため、より多くの人々がフェミニズムに簡単に接することができ、考えを変えられるのだ。

私はこの運動を一種の戦争だと考えている。戦争では勝つために戦わなければならず、戦いには戦略と戦術が必要だ。ミラーリングは優れた戦略であり、荒っぽく大胆な言葉は私たちの武器だ。メガリアは女性たちが集まって話し、言葉を創造して発し、自分の物語を紡ぐことができるようにしてくれた。すべて私たちみんなで成しとげたことだった。私たちはとうとう口を開き、暴れ、話し、考え始めた。各自が自分の戦術で戦えばよい。ある人は説得力のある文章を書き、ある人は共感を得る絵を描き、ある人はオフラインでデモをし、ある人は迫力ある罵詈雑言を吐いて、ある人は論理的で説得力ある言葉で戦う。目的が同じであればどんな方法でもいい。数多くのニュースと投稿のコメント欄で、毎日大小さまざまの戦いが繰り広げられている。さらに多くの女性たちが赤い薬を飲み、同志が増えた。私の経験から見るとこの戦いは２０１６年５月17日の江南駅10番出口殺人事件と、その後新安《シナン》郡で起こった女性教師への集団性暴行事件「訳注・全羅南道《チョルラナムド》新安郡の島に赴任したばかりの女性小学校教師が、児童の保護者を含む地元男性３人から無理に酒を飲まされ、性暴行を受けた事件。逮捕された３人のふてぶてしい態度、加害者をかばい観光地としてのイメージ低下ばかり心配する住民の声が報道され、オンラインを中心に非難を呼び、特産品の不買運動も起きた」によって頂点に達したのだが、後でフェミ友に聞いたところではその時論戦を見守りながらネットフェミになった人たちもかなり多かったそうだ。

　江南駅10番出口女性殺人事件当時、私は多くのオンラインフェミニストたちと一緒に、何日も徹夜してコメント論戦をした。男性たちはこれが女性嫌悪殺人だということを認めまいとし、一人の「精神病患者」が物理的な力で制圧しやすい人間を探して殺したから女性が殺されただけで、「無差別殺人」だと主張した。殺害犯が当初から、「女たちが自分を相手にしないから殺した」と言っていたのにもかかわらずだ。物理的に制圧しやすい相手として女性を選んで殺すのがまさに女性嫌悪だと言っても通じなかった。この事件を捜査した警察も、報道したメディアも同じだった。新安郡集団性暴行事件について男性たちは加害者たちへの厳格な処罰を要求し、加害者と自分たちとを切り離した。いっさい言いわけのできない明白な性暴力事件の場合にだけ、男性たちは加害者と自分をはっきりと切りわけて、女性たちよりさらに大きな声で加害者を断罪した。まるで自分たちは決して「レイプ犯」ではないと言うかのように。これはイルベの女性嫌悪コンテンツを見て楽しみながらイルベを罵ったり、ソラネットを罵りながら自分は類似のサイトを愛用するような矛盾とつながっている。

　女性としてどれほど多くの犯罪の危険に苦しめられているのか、私たちが味わっている恐怖が何なのかについて、相手によって言葉を選びながら説明し説得し、または罵りと暴言を駆使して戦った。私たちは女性嫌悪が何なのかを懸命に説明し、教えてきた。男性たちは「すべての男がそうではない」「一般化するな」と主張した。彼らは特に「女だから死んだ、男だから助かった」という主張にもっとも強力に抗議した。この文句が強調するのは、もとより加害者が被害者に何の怨恨もなかったのにただ偶然その日、その時刻、その場所で、「女だから殺した」ということ、つまりすべての女性が被害者となる可能性があったということ、よってどんな女性も女性嫌悪犯罪から逃れられない「潜在的被害者」である、ということだ。しかし男性たちは「男だから助かったってことは、俺たちが潜在的加害者だって言うのか?」と論理を捻じ曲げて強弁した。私たちは多くの統計資料を引き出して理論的に女性嫌悪を証明するため戦ったのだが、それでもなお男性たちは「ファクトを持ってこい、論理的根拠を示せ、女たちは感情的すぎる」と腹を立てた。

私はこのとき男性たちが潜在的な友軍ではなく、いくら親切に丁寧な言葉で説得しても最初から聞く気のない相手だということを悟った。それまでは「人類の半分である男性を説得しなければフェミニズムが勝利することはない」と考えていたのだが、何日もかけて説得し論証して得たものは、激しい怒りと敗北感だけだった。彼らには言葉が通じない。彼らは「問答無用で倒さなければならない」。私は気づくのが遅すぎた。MERS掲示板が誕生したころから多くの賢明な女性たちが、この事実を踏まえて戦略的に戦ってきたというのに。

男性に「理解させること」を私たちの運動の目的にしてはいけない、と確信するようになった。これは決して早急な判断ではなく、無数の戦いと論戦を経て得た慎重な結論だ。私たちは人類の半分である女性だけを説得すればいい。世界中の女性たちが10パーセント覚醒するだけでも、世の中は必ず変わる。10パーセントで十分かって？　メガリアの有名な投稿にこんなものがある。海水がしょっぱいのは3パーセントの塩分のせいだと。世の中を変えるにはたった3パーセントの女性が覚醒すれば十分だと……。このときから私は、男性を相手に荒っぽく激しい言葉を使う運動方式に深く共感するようになり、私自身も必要に応じて罵詈雑言とミラーリングをためらわなくなった。

女性嫌悪に左右はない

私は初めてフェイスブックでリア友とケンカした。大学の先輩や後輩で、長い間左派的な世界観を共有しながらフェイスブックを通じて進歩的な対話を交わしてきた友人たちだった。ときおり些細なことで葛藤が生じはしたが、それでも思想的な同志だと考えていた。私たちはともにキャンドルデモに参加し、政治、環境、教育、福祉、動物の権利について話し合い、セウォル号事件が起こったときは一緒に泣いて胸を痛めた。些細なこととは「ナッコムス・ビキニ事件」〔訳注・李明博《イミョンバク》政権を批判する政治ポッドキャスト『俺はズルだ（＝ナヌンコムスダ、略称ナッコムス）』で番組PDが女性リスナーたちに水着姿の写真を送るよう呼びかけた問題〕当時の論戦のことだ。友人たちは私に典型的な「進歩なんちゃら」（「なんちゃら男」はニュースで「〇〇女」と性別を強調した表現をする男たちを皮肉った言葉だが、「進歩なんちゃら」は自称リベラルの男性の女性差別的言動を批判するために作られた言葉）の姿を見せてくれたのだが、当時はそれを表現する適切な言葉がなかった。メガリア誕生後に私がメガリア発の投稿に「いいね」を押してコメントを書き、コメントつきでシェアし始めると、リア友で先輩や後輩であった男性たちは私にいちいちケチをつけてきた。「これはちょっと違うと思うんですけど。真のフェミニズムは……」だとか、「言いたいことはわかるし、そのとおりだとも思うけど、メガリアってのはちょっとね」という具合に。メッセージは正しいがメガリアは間違っている？　私は負けずにさらに多くの投稿をシェアしながら、タイムラインをメガリアで塗りつぶした。後輩男性たちのマンスプレイニングに対抗しコメントでケンカしていると、最近「友達」になったフェミニストたちが自然と集まって加勢してくれた。そして私は、自分がメガリアンだと宣言してしまった。

「進歩なんちゃら」はメガリア初期に作られた言葉だ。一般的に進歩派の人々は性別や性的指向、人種、民族、年齢、出身地域や貧富の差等による差別の存在を認識し、平等な社会を作っていくことを目的としている。これをリベラルとも呼ぶ。しかし進歩派男性たちはリベラルを標榜し階級闘争をしながらも、ジェンダー感受性は格段に低い。私たちは1970～80年代の運動圏時代からこういった進歩なんちゃらたちをたくさん見てきた。進歩なんちゃらは女性を利用しながら社会運動をし、夜には女性を性的な対象として消費し、家では家父長的権力を振りかざす男性たちだった。メガリアとウォーマドの流行語に「左右なんちゃら」という言葉があり、また「保守『俺はキャバクラに行くぞ！』、進歩『僕もキャバクラに行きます』」という笑い話がある。女性嫌悪を前に左右はなく、したがって女性たちが進歩または保守という政治的枠組みの中で運動する必要はまったくない、というのが初期メガリアの問題意識だった。

当時「進歩なんちゃら」と「マンスプレイニング」という言葉をほぼ同時に知ったのだが、その瞬間どれほど多くのことが解析され、説明されたかわからない。これまで私にはなかった言葉が生まれ、それが私の武器となった。〔訳注・政党内の性暴力批判に対し〕「津波が来ているときに貝を拾うようなもの」との有名な言葉を残した政治家、「ＩＳよりも、脳みそのないフェミニストのほうが危険だ」としたコラムニスト、ナッコムス・ビキニ事件に前後して現れたリベラル男性たちのひどい女性嫌悪を説明する適切な言葉だった。ナッコムス・ビキニ事件当時、Ｄａｕｍ内の女性コミュニティ「サンファ茶ココア」カフェに上がった「私たちはリベラル派のチアリーダーではない」という投稿を後から読んで、ぱっちりと目が覚めもした。私がリベラル政治に関心を持ち、多くの寄付をし連帯し、キャンドルデモに出て政党支援活動をしているにもかかわらず、常に蚊帳の外に置かれたようにモヤモヤするのはなぜなのか……そんな疑問が解けた。

メガリア初期、国連のHe for She宣言に大きな感銘を受けた私は、オンラインで男性たちを相手に友軍となってくれるよう説得することを最初の運動目的とし、周囲の男性たち、特にリベラル男性たちに向けて数えきれないほど投稿した。彼らは最大限私たちの味方になるべきだし、なれるはずだと考えていた。だからこそ彼らを説得し叱咤し批判し非難する内容もたくさん書いた。私の書いたものを見て目が覚めたと、私を「先生」と呼ぶ男性たちもときどき現れた。私はフェミニストとしてアイデンティティを確立させ、一緒に声をあげる男性たちを応援し、励ました。それにしても世の中まともな男性が思ったより多くて幸いだ、と当時の私は考えていた。もちろん今では完全に違う考えだが、当時はそれなりに言葉の通じるリベラル男性を説得するのが私の使命であり、私がもっとも得意なことだと考え、前線を超えてこちらに来た男性フェミニストには親切に接していた。フェミニストとしてのアイデンティティを持った若い男性たちとたくさんのフェイスブックメッセージを通して個人的に対話し、相談にのり、力を貸してあげた。私のタイムラインにはいつでも男性フェミニストたちの活気（?）が溢れていた。

しかし今の私は多くの男性フェミたちと敵対関係にある。フェイスブックで活動する男性たちの中で私との間に軋轢がない男性フェミはほとんどいない。オンラインでの私の悪名は、大部分が男性たちの作り出したものだ。私の投稿が何件も通報され、フェイスブック活動がしばし不可能になるほど敵が多かったのだが、その中にはもちろんイルベのような露骨な女性嫌悪者たちや政治的立場と方向性が異なる女性フェミニストも相当いるものの、一方で挫折し、拒否された男性フェミニストたちも含まれていた。

彼らはいつでも最前線に立って「クク・チヘ」を糾弾し裁き烙印を押してフェミニズムから排除している。男性である彼らにそんな資格があるのか知らないが、彼らはやっている。彼らがこの文章を読んだらこう言うだろう。「そうじゃない。『クク・チヘ』が先に男性を一般化して攻撃し処断し排除したんだ。僕らは被害者だ」。私の名前はフェイスブック・フェミニストたちの間で悪名としてとらえられ、あちこちで言及されている。もはやオンラインのどこで晒しものにされている自分の名前を見ても特別な感情が起きないほど、クク・チヘという私の名前が他人のもののように感じられる。その名前が本当に私を指し示しているわけではないからだ。私自身の名前さえ烙印となってしまった。

誰が女性たちに、失われた言葉を授けられるだろう

彼らの承認闘争は涙ぐましいものだ。女性たちは彼らがどんな失敗をしても理解してやらなければ、「男だって失敗することもあるだろう」とかばってやらなければ、真のフェミニストではなくなるのだ。彼らはフェミニストたちにメッセージを送り求愛し、嫌だと言われても連絡を取り続け、デートDVをし、セクハラをし、女性たちの間の論戦に割り込んで論点をぼかし、一方を悪魔と決めつけ、もう一方を被害者とみなして性的ダブルス

タンダードを再生産させている。そんな男性たちのためにフェミニストは再び悪女と聖女、キムチ女とわきまえ女にわけられる。普通ならできないような良心のない主張であっても、相手がフェミニストとなれば彼らはためらわない。「ロリータ・コンセプト」は女性の表現の自由だから保障しろと言う。性産業の女性たちの人権のためにセックス・ワーク論を認めろと言い、全既婚女性および子どもを持つ母親たちは罪の意識を持つべきだと臆面もなく発言している。男性同性愛者が相手の女性に性的指向を隠して結婚することを擁護しながら、騙されて結婚するのがいやなら女性たちこそセクシュアル・マイノリティ運動に連帯しろと脅し、果てはレイプとその他性暴力、DV被害の経験やうつ病をあざ笑う言葉を吐いている。

オンラインフェミニストたちの間で非常に有名なユ・〇〇氏という男性は、普段からメガリアとウォーマドで女性たちが使用している「糞穴虫」という言葉がセクシュアル・マイノリティを嫌悪する発言で間違っており、この言葉を使う女性たちを間違ったフェミニズムに傾倒していると非難していた。その後、彼男［訳注・「彼、彼女」という表現は男性中心的であるため、著者はあえて女性を彼、男性を彼男と呼んでいる。単語辞典参照］は『メガリアの反乱』という自身の著書で男性同性愛者たちが使用する「うしろマンコ」や「オネエ」は女性嫌悪の言葉ではなく、ゲイが女性性を獲得するためのものだと主張した。そう述べながらオンラインではウォーマド系のフェミニストたちを「ウォーベ虫」と呼び、イルベと似たような嫌悪集団にすぎないとの主張を繰り返した。彼男が作ったウォーベ虫という言葉は、イルベたちまでがウォーマドを攻撃するため喜んで使用するようになった。おそらく私のことだが、「40歳で子どももいて学歴も大したことないどんづまり人生なのに、オンラインでは太母神みたいに振る舞っている」とからかいもしていた。彼男にとって40代で子育て中で大した学歴のない女性は人生が「どんづまり」で、女性運動家としてふさわしくないということだろうか。博士号程度は取得していて、バトラーくらい原文ですらすら読めるのが真のフェミニストだということだろうか。このように彼男はウォーマドを指して「学のない、無知の、異性愛者一色の嫌悪分子」とレッテルを貼りながら攻撃に専念し、信じがたいことだが彼男のあざ笑うような投稿に、自称フェミニストたちによる数十個の「いいね」がついていた。このように彼男は「嫌悪発言研究者」ぶりながら、そのじつ嫌悪発言と怒りによる発言、ミラーリングをまったく区別できず、ゲイ男性による女性嫌悪を告発するウォーマドを非難するためならばどんな女性嫌悪発言もためらわなかった。

またアメリカで博士課程に在籍中のキム・○○氏という男性は、フェイスブックで

「ウォーマドは過激な表現ではあってもフェミニズムの一系統であり女性運動だ」「リベラリストの立場からも性売買は擁護され得ない」という当然この上ない言葉で人気を得ていた。韓国に来て女性団体やフェミニズムカフェなどで開催された講演の講師をしながら、彼男はフェミニストとしての看板を掲げて活動した。もちろん彼男を積極的に講壇に立たせたフェミニストたちがいてこそ可能なことだった。彼男はこのような女性たちの行為と歓待を踏みにじり、きれいさっぱり無視するかのように、アメリカに戻るなりオンラインでフェミニストたちのデートDVの公論化［訳注・世論を喚起し社会的なテーマとすること］をあざ笑い、被害者たちに対して積極的な二次加害を始めた。彼男はすべての男性フェミを一般化するな、女性同士でデートDVに気をつけろなどと言い合うな、仮にデートDVにあったとしても公論化するなと主張した。「そもそもフェミニストならつき合う男のことをちゃんと調べておくべきなのに、自分の不手際を棚に上げて何を堂々と公論化しているんだ」と、被害女性たちを数日間攻撃しあざ笑った。彼男は私的な問題を公論化すること自体を問題視するが、その「私的なこと」とは男性が女性をレイプしたり暴行したり、情緒的、精神的に虐待することを指している。彼男が誰の利益のために言っているかは明確だ。女性ではなく「加害者男性」の立場で言っているではないか。またこの男性は、男性が話すことについて問題点を提起する女性学者たちを攻撃しながら、「学会で会ったらファッキュー（fuck you）をかましてやる」と罵りもした。現在この二人の男性は、力を合わせて「女性」の意味をめぐる論戦でトランスジェンダリズムに抵抗しているラディカルフェミニストたちを悪魔とみなし、「TERF」*として責め立てている。

*TERF　Trans-Exclusionary Radical Feminist トランス排除のラディカルフェミニストのこと。中立的な言葉のようだがラディカルフェミニストたち自身はこの用語を使わず、トランスジェンダーとクィア陣営がフェミニストを攻撃するために使用している言葉であり、蔑称であり、烙印である。トランスジェンダー政治学についての軽い疑問を示しただけでも嫌悪者とみなされ、TERFと決めつけられる。オンラインで活動しているラディカルフェミニストたちは殺害脅迫を受けもした。

また別の男性はフェミニズムのページを運営しながら、「言葉を失った女性たちに言葉を授ける」としてフォロワーや友達を戦略的に暴力的なまでに増やし、フェイスブック内で名声を築いている。しかしこの男性は、女性たちが個人的な悩みを安全に語り合え、オンライン運動の火力を高めるために存在していた女性たちだけの秘密グループ消滅に、多大な貢献をした人物だ。彼男は「女性に言葉を授ける」として得た人気でフェミニスト女性とつき合い始め、その相手にデートDVをしているとの噂が立った。また別の男性は「オンライン運動掲示板からクク・チヘを引きずり下ろし、他のフェミニストの○○氏をその座に就かせなくては」とグループトークでの裏工作を繰り広げていた。このようにある種の男性たちにとってフェミニズム運動は一つの見世物かスポーツにすぎず、フェミニストたちは彼らが楽しむゲームの駒にすぎないのだ。例をあげればキリがない。ページの都合ですべての事件と事例を載せられないのが残念だ。

女性の名前で女性を消す彼ら

あなたはジェンダー権力を持った男性で、現在涙ぐましい生存闘争をしている女性たちとは立場が違うのだから、むやみに運動の旗をひるがえしたり方向を提示したり声を大きくしてはダメだと言うと、彼らは憤激し一瞬でものすごい量の女性嫌悪発言を吐き出し、女性たちの被害体験談をあざ笑うところまで行ってしまう。「私が女性として話す。私がこんなことをされた！」と主張する女性たちを皮肉り、感情的でヒステリックで無知で扇動的なことばかり言う愚か者として扱うのだ。私はそんな事例を数え切れないほど見てきた。彼らは有名な外国のフェミニストたち、女性学者たちと理論家たちを都合よく引っ張り出しては、女性たちの経験をないことにする。私もまた数え切れないほど経験したことだ。一件一件数え上げながら徹夜で話せるほどだ。本当に数え切れないほど「剝製」にされ（第7章249ページ参照）、実名で晒しものにされ、罵声を浴びせられた。イルベ虫ではなく「フェミニストを自称する男性たち」から、女性嫌悪掲示板でなくまさにフェミニスト陣営において。それというのも私が暴力を受けたり、受ける危険のある生きた女性の側から常に発信し、男性には少しも利益をもたらさない主張をしていたからだと思う。江南駅10番出口殺人事件のときまでは私たちの同志のように、女性たちの被害と恐怖に耳を傾けなければと大声で主張していた男性フェミニストたちに何があったのだろう。彼らは本当に私たちの味方だったのだろうか。

多くの女性たちが「自分がフェミニストであると表明する男性」を警戒する一方で、依然として男性がフェミニズム的な発言をすればすぐさま人気と関心を得る。女性たちが同じことを言っても当然のことだが、男性が同じことを言えば「わきまえ男」(「わきまえ女」へのミラーリングでジェンダー平等を志向する男性を励ますために使う。単語辞典参照)」として賞賛され、メディアでインタビューされ、オンライン媒体でもよく記事を書かせてもらえる。女性学者たちは彼らを講壇に立たせ、テレビに出演させる。「彼女とセックスするときはコンドームを使わなければ」「女性に怒鳴るのは暴力だ」というレベルの、あまりに当然でまともでしかない発言をするだけでも男性は無数の男性たちの「公共の敵」となり(もちろん殺害やレイプの危険があるわけではない。ただ多少罵られるだけ)、女性たちから無限の賞賛を受けて人気を博す。これは韓国男性一般の水準と韓国文化におけるむごたらしいまでの女性の人権水準をそのまま証明している。その程度の発言で女性たちの人気を得られるなどと考える西洋人男性はいないだろう。

男性フェミたちを警戒する女性たちは「頭の回転が速く悪賢い韓男虫が『繁殖脱落(条件の悪い男たちが女性とつき合うことができないケースを皮肉った言葉。単語辞典参照)』を避けるためにフェミニズムを利用する」と冗談交じりに言うのだが、本当かどうかはともかく、多くのオンラインの口《くち》フェミ(口だけフェミ)男性たちは自分たちの本気を疑われたと感じた瞬間、極悪非道の女性嫌悪者になり果てる。フェイスブックで2、3カ月に一回くらい起きることだが、それでもその男性に味方する女性たちがいる。そのため男性フェミを批判し排除するフェミニストたちは、一部女性フェミニストたちと男性フェミニストたちの両方から非難されることになるのだ。

男性たちがこのような言動を続けても、私たちは彼らを立派なフェミニストとして認めなくてはならないのだろうか。彼らが女性よりも大きな声をあげ、前面に出て旗をひるがえしながら運動の方向性を定めようとも、それを責めてはいけないのか。フェミニストたちが何を公論化するか、彼らが決めるべきなのか。彼らが女性たちの口を塞ぎ女性たちを再びオンラインから削除しているのではないのか。男性たちはフェミニストの名で、数多くの女性たちの経験を消す先頭に立っている。実にごく少数の男性をのぞけば、大部分の男性フェミニストたちはオンラインフェミサイドの加害者たちだ。彼らはデマを流し、誰かを市中引き回しにし、身元をばらし、広場で晒し首にし、竹槍でフェミニストたちを刺して群衆と一緒にケラケラ笑っている。彼らは相変わらず死んで当然の女たちがいると考えているが、その女たちというのはまさに自分よりも声が大きかったり、自分の言葉に呼応せず暴れ続け、騒ぎ、考える人々だ。暴れて騒いで考える女たちが嫌いだと言った芸人のチャン・ドンミンと「自称フェミニスト男性」たちがどう違うのか、私にはわからない。

フェミニスト陣営で男性の発言権力が存在することを否定する人々がいる。彼らはフェミニストの間で男性は数字上少数で、小さな失敗をしても大きな非難を受けがちなので、むしろマイノリティと言える、というとてつもない主張までしている。これは「女も軍隊へ行け」「なんで男ばかりがウォーターサーバーの水を換えるんだ」と言いながらこの世界に実在する男性の権力をないことにし、女性たちを実は強くて力ある存在として描写している女性嫌悪者たちの論理と似ている。女性が多数である場所で少数の男性が弱者となるだろうか。フェイスブックやツイッターのようなSNS上で自らをフェミニストと考える男性たちは、本当に女性に比べて権力がないのだろうか。この間私たちオンラインフェミニストが男性フェミニストの発言権力について何度も何度も話し合ってきたにもかかわらず、男性フェミの側に立ちがちな女性学者たちは男性フェミたちの発言権力を過小評価し、果てはそんなものがないとまで主張するケースまで見られる。公開された講演会の場でそう発言する学者たちもいる。この有名なフェミニストたちは新生のオンラインフェミニストたちに比べればすでに十分な発言権を持っている。匿名性の下で戦うオンライン活動家たちと違って、彼らはすでに有名で、公開講演もし、本を書き、各種インタビューも受けている。女性学者たちの基準では男性フェミニストに発言権力がないというのも事実かもしれない。しかしそんな男性フェミニストたちの横暴と抑圧によって言葉を奪われず、生き抜くために戦っている女性たちの悪戦苦闘をないことにしてはいけないはずだ。もしそんなことをすれば、有名フェミニストたちは男性フェミと共謀しフェミサイドに加担したことになる。いくつものやり方ができる人とそうではない人では戦い方自体が違う。戦場で優雅に話し、偏らずにいられる人々は特権を持っているのだ。他にも刻々と話題が変わるSNSの特性上、詳しい状況や脈絡を知らないまま、オンラインフェミニストたちが群れをなしてのさばり「罪のない男性フェミ」に噛みついていると誤解する人々もいる。

「韓男虫」と罵れば、ようやく「マンコ女」も問題になる

ウォーマドやメガリアなどで生まれる荒っぽい言葉をガンガン使う女性たちは、大部分が大きなアカウントの運営者ではない。フェイスブックの場合、フェミニストたちのネットワークからフォロワー千余名、「友達」千余名、合わせて二千余名のネットワークを持っていればかなり規模が大きいほうだ。大きなアカウントを持っていれば声がずっと遠

くまで広がり、さらに多くの人々に影響を及ぼす。これよりも大きなアカウントを持っているフェミニストたちは主に男性だったり、穏健な言葉を使いながら過激な論戦に参加しない女性たちだ。イルベなどの女性嫌悪に立ち向かい、なんちゃら男、韓男虫、ジェギしろ〔訳注・反フェミニズム団体「男性連帯」のソン・ジェギ代表がパフォーマンスとして漢江に飛び込んだところ本当に死亡してしまったことから、「自殺しろ」の意〕、おまえの父ちゃん（単語辞典参照）、糸チンコ、肛門、6・9（韓国男性の性器の長さの平均。単語辞典参照）、チャドゥルチャドゥル（男が怒りにぶるぶる震える姿をあざ笑った表現。単語辞典参照）などの汚い言葉で戦うとき、女性たちはコメントや投稿、あるいはアカウント自体が通報され削除されるのを覚悟しなくてはならない。乱暴な言葉づかいとミラーリングで戦うアカウントは、それゆえにとても脆弱なのだ。フェイスブックでアカウントや投稿を削除されることを「切られる」と表現するが、男性たちが20年間オンライン空間でキムチ女、味噌女、マンコ女などの言葉を使ってきた間、嫌悪表現という理由でアカウントを切られたケースはほとんどない。犬マンコ女、ファック女、おまえの母ちゃん売春婦、のような表現を見つけてどれだけ通報しても、規則違反ではないとの答えばかり返ってくる。女性たちが女性嫌悪表現をミラーリングしながら男性権力に抵抗し始めたのはつい最近のことだ。しかもそのような表現はいとも簡単に「切られる」。アカウントはすぐ停止され、仮アカウントは規定によって削除される。使っていたアカウントが削除されれば新しいアカウントを作らなければならず、友達もまた集めなければならない。前に作っていたソーシャルネットワークを復元し、新しい関係のアルゴリズムを生成するまで時間がかかる。完全に復旧される前に女性嫌悪の現場でまたキーボードバトルを起こし、そのためアカウントを削除されることも多い。いわゆる専門キーボード戦士であるネットフェミたちはIP自体が制限を受け、新しいアカウントを作るのも難しいことがある。女性嫌悪者たちがのさばり続けている以上声をあげ続けなければならないので、オンラインフェミニストたちは意図せずアカウント専門家になってしまった。仮アカウントをいくつも作り、渡り歩くように使うのだ。アカウントその1が一週間停止をくらえばアカウントその2へ、それがまた停止されればアカウントその3へ、その3が停止されるころにはその1の停止措置が解除されているのでそちらで活動する、というように。過激派が集まるアカウントや、さらに頻繁に論戦に参加したアカウントほど停止されやすい。アカウントが永遠に削除されればその人の投稿とコメントがオンラインで完全に消されてしまう。これがオンラインフェミサイドだ。

ある者はこう言うだろう。「まったく、じゃあなぜそんなに乱暴に振る舞うの。通報されないようにちゃんとしておけばいいじゃない」。いや、そうじゃない。そもそも男性たちの女性嫌悪用語が20年もオンライン空間を支配している間、嫌悪表現の規制は一度としてまともになされなかった。女性たちが嫌悪表現のミラーリングを始めたころになってようやく嫌悪的表現に対する規定が議論されるようになった。それがミラーリング戦略の意味であり、成果であることを否定する人はいないだろう。メガリア運動の核心は、まさしく男性たちの言葉を奪って投げ返すことだった。穏健な文章を書くフェミニストたちの声が広く伝わって力を得たのも、そんな運動の影響だということもやはり否定しづらい。メガリアが誕生するや各種報道では「女性嫌悪、男性嫌悪どちらも問題」というような記事が上がった。女性嫌悪の言葉がオンラインを支配している間、一度も味噌女だキムチ女だという言葉が問題だという報道はなかったのに、女性たちがミラーリングした瞬間から「嫌悪」が社会的問題となったのだ。

少し前に有名な男性俳優が急な事故で亡くなった。メディアはこれについてウォーマドのリアルタイム反応として、一部ユーザーたちの上げたもっとも刺激的な表現——「韓男が片づいていい気分だ」「転覆プリンス」「チャ鹿が道路に飛び出した」——を選んで記事にした。有名な女性芸能人が性接待を強要され自殺した事件で男性たちがどんなコメントをつけたか、私たちは覚えている。「チャ鹿」は「ポ鹿」のミラーリングだ。ポ鹿は女性器と鹿〔訳注・よく道路に飛び出して轢かれることがあるため〕の合成語で、男性コミュニティで使用される女性蔑視的な言葉である。男性たちは女性たちが自動車事故などで死ぬ映像をよくシェアし、ひどい場合はその映像を使って自慰をするという。このような男性コミュニティ文化に接した女性たちはチャ鹿という言葉を作り、男性たちが自転車やオートバイに乗っていて事故を起こした映像を上げながらゲラゲラ笑った。それまでポ鹿が記事になったことは一度もなかったが、チャ鹿はウォーマドの名とともに「男性を嫌悪する女性たち」というタイトルですぐさま記事になった。しかし芸能人に対する故人冒瀆の悪質なコメントの中でも、男性コミュニティで書かれたものはコミュニティの名前に言及されないばかりか、コメントをつけた人が男性なのか女性なのかも示されない記事になっている。いつもそうだ。男性が引き起こした過ちは世代の過ちであり、民族の過ちであり、人類の過ちとなり、女性の過ちは女性だけの過ちとなる。私たちは今、そんなダブルスタンダードを告発しているところだ。

どうしてそんな乱暴な言葉を使うのだとか、教養を持てだとか、ミラーリングは失敗した戦略で、別の方法で戦うべきときだとか、そんなことをフェミニストたちから聞くと笑ってしまう。メガリアは登場時から気持ちのよい言葉づかいとミラーリングで女性たちにサイダーを飲ませたのだ。より多くの女性たちが覚醒しているところだ。その女性たちのうちもっとも強力な存在であるウォーマド系列のフェミニストたちは、女性の人権を削り落とすことなら何であれ、女性の人権を他の権利の下に置く者は誰であれ、聖域なしに批判する。それゆえ私たちは不愉快な存在なのだ。ミラーリングは今でも有効な戦略である。ウォーマドが故人を陵辱すればニュースに出るが、イルベや異種格闘技［訳注・ネット掲示板の名前］が凄惨な死を迎えた女性をネタに自慰をしていることは何の話題にもならない。この真実をどんな方法で「見せてやる」か、私にとっては相変わらず重要な問題なのだ。

私の声が大きくなると、それを「発言権力」として忠告する者たちが増えていった。彼らは「小さな失敗も許されない」「よく知らないなら主張するな」「なんて言葉づかいだ、謝れ」と言ってくる。フェミニスト間の論戦が繰り広げられると、多くの人々が私に正確に話すこと、ファクトを提示すること、穏やかな言葉で説得することを要求した。私の態度も問題になった。強く主張すれば教条的で老害のようだと言った。私が政治をしているとも言った。ロリータファッションをめぐる論戦、性的同意年齢についての青少年運動家たちとの論戦では、「幼い娘を持つ母親として言いたい」と話してあざ笑われた。私の当事者性は無視されがちだった。しかし当事者ではない人たちの言葉は歓迎された。私には女性当事者として運動しながら決して譲れないテーマがあるのだが、その考えを表現することだけでも多くのフェミニストたちから通報され、アカウントを削除された。フェミニストのネットワーク内に男性の発言権力が存在するということは否定しながら、女性であり急進フェミニストである私の発言権力は問題だと言う有名な女性フェミニストたちがいた。自称男性フェミニストが興奮して暴言を吐いてもいっさい反応しないでおいて、女性たちが乱暴な言葉を使ったり、興奮して失言することに対してはウォーマドの限界がうんぬんと批判するのだ。

今でも穏健な文章を書いている「女性」フェミニストたちがいかに危ない橋を渡っているか、私は知っている。彼らは過ちのないよう自分をしつけ、些細な嫌悪発言だけでも自分の正当性が崩れてしまうと考えるために、何かと慎重になるのだ。説得力のある文章を書くために言葉を柔らかくし、さらに自分を検閲することが習慣になっている。だから何か考えたとしても心に収め、あえて口に出すことはできない。ゲイ男性の詐欺結婚問題やゲイコミュニティ内部の女性嫌悪告発、トランスジェンダリズムの女性嫌悪的行動について、彼らは思うことをなかなか言葉にしない。女性の立場で多少率直になれば、ただちに

「嫌悪者」という烙印を押され、なんとか派と責められ、ブラックリストに載せられ、男性の集団が押し寄せ糾弾大会を催すからだ。そしてすべての言葉は低評価を受ける。このように女性たちの言葉は常日頃検閲と評価の対象となる。

フェイスブックで男性たちの気に食わないことを言えばどうなるのかを、「クク・チヘ」という人物を通じて学習したと言う人も多い。ほんの一年前まで、私自身どこまでも自分を検閲し、どんな人が聞いても正しいことだけを言おうと懸命になり、できる限りフェミニストたちとすべての少数者たちを不快にさせないよう努力した。自分だけでなく、他の人々にも政治的に正しい言葉を使うようすすめもした。失敗を指摘されれば、自分がなぜそんな行動をしたのか自己分析し振り返る前に謝罪文を書いた。結果的に謝罪する必要がなかったいくつもの件についても、私は謝罪し、それが謙遜であり美徳であると信じていた。そのうち内面が腐ってきた。これ以上我慢できず、言うことは全部言おうと決心した後、私は他人の非難と罰、穏健な批判と個人的メッセージを通じたあざけりに耐えながら最後まで戦った。他人の目を気にせず、私が言いたいことを言えるようになるまでに長い時間がかかり、それはさらに多くの人たちに背を向けられることを意味した。私はそれらすべてを甘受した。声を授けられたのだから、何ものにも屈するまいと決心したのだ。

「切られ」まくったフェイスブックアカウント

私の本アカウントはフォロワーと友達を合わせて約2000人レベルで、ラディカルフェミニストとしてかなり大きな規模を誇っていたが、昨年の初めだけで1カ月間の停止を連続四回もくらってしまった。第二アカウントもやはり1カ月の停止を二回、第三アカウントも一日、三日、一週間というふうに停止された。過激な言葉を使わなくても私のアカウントはやたらと切られる。フェイスブック・コリアはアカウントを止めた後でどの投稿が問題だったのか知らせてくれるのだが、嫌悪表現が一つもないのに通報が来て、再審査の余地もなく1カ月停止されるケースも多かった。一生懸命書いた文章が削除されるのはもちろん、アカウントまでなくなってしまう。アカウントが消えるのは、オンライン空間で声が消えるということだ。

これを私はオンラインフェミサイドと呼ぶ。私の場合イルベなどの女性嫌悪者と戦ったときよりも、フェミニスト陣営間の論戦によって停止されることが多かった。オンラインフェミサイドは告訴・告発によるアカウント削除だけでなく、フェミニスト間の論戦中、互いへの通報爆弾で発生することもあるのだ。

女性が言うことを言えば「切られる」。女性がきれいな言葉を使わなければ、女性が男性を非難すれば「切られる」。この過程が繰り返されるうちに疲れ果ててオンラインアカウントを自ら削除してしまい、現場を去る女性たちも多い。女性の言葉はどれほど消されやすいことか。現実世界と同じくサイバー空間でも同じだ。女性たちにも発言権力というものがあると言う人々は、一度考えてみてほしい。一生懸命文章を書き、夜寝ることも諦めてキーボードバトルをし、資料を並べ、そうして長い時間をかけて増やしていったフォロワーと友達の数が、発言権力なのか。それが権力であれば、誰かの気に食わない主張をすればいつでもアカウントが削除され得る、なんてことがあるだろうか。いいや。乱暴な言葉を使う必要もなく、教養を感じさせる優雅な態度を保つことができ、過激な主張をせず誰に対しても穏やかで心地よいフェミニズムを説くことができ、それゆえに削除されたりせずいつでも発言できるその位置、それがまさしく権力の位置だ。

男性たちは相対的に消されるケースが少ない。まずそれほど通報されない。大部分の男性たちは、女性たちほど乱暴な言葉で戦ったりしない。「元祖メガリア」を掲げる男性フェミたちは知識人、教養人になりすましているが、彼らが使っている言葉は政治的に望ましく、礼儀正しい。彼らは胸を切り裂いてわめきちらしたり、肥溜めで転がりまわる必要がないのだ。先述したとおり彼らはいくつかのまともな発言程度でも安定した人気を確保することができ、数百名レベルのフォロワーを率いることができ、身の危険を感じることなしに数千人の友達とつながることができる。オンラインフェミニストたちはフェイスブックで友達を作るのに慎重だ。確かな相手でなければつながらない。女性たちのネットワークに侵入しようとする男性はどこにでもいて、彼らのために共同体全体が危険に晒され得るためだ。これは女性嫌悪と女性に対する暴力に溢れたオンライン空間で、女性たちが生き残るための生存戦略だ。

それに比べて男性たちは、そんな心配をする必要がない。男性たちはより多くの友達申請を送り、簡単に承認する。それゆえにより多くの発言権力をより早く獲得できる。女性たちが置かれている状況とはまったく違うのだ。ときどき「韓男」たちとオンラインで熱心に戦う男性もいるにはいる。かといって彼らの身に危険を及ぼしたり、暴言まみれの個人メッセージを送りつける人はいない。女性嫌悪者たちは特定の女性の個人情報を調べ上げ、個人メッセージで罵詈雑言を吐き散らし、その女性のリア友と見られる人たちにもメッセージを送って「おまえの友達メガリアしてるんじゃないか？」と尋ねたりする。

男性たちは確実にこんな危険から自由でいられる。ゆえに真実はこうだ。男性たちはフェミニスト陣営の外で通用するジェンダー権力の利便性を、一握りにしかならないオンラインフェミニスト空間でそっくりそのまま享受しているのだ。だからフェミニストの中には仮アカウントを作るとき、男性の名前を使う者たちもいる。以前の私がそうだったように、男性フェミの言葉に耳を傾け褒め称える人々は相変わらず多い。その男性たちは元から享受している既得権をフェミニスト掲示板でも享受し続けているだけだ。彼らは一度も既得権を手放したことがない。

私が見た「男性フェミニスト」たちは傍目には自分たちが権力を持っていること自体を警戒しているような行動をとる。しかし彼らは自分が手にしている権力がどのように行使されるのかについては自覚がない。人目をはばかる必要もなく発言してもよいということ、乱暴な言葉を使っても通報されないということ、まともなことを言っただけでも「いいね」をもらい、先生、先生と呼ばれること、常に安全な位置にいるということを自覚できない。しかしある瞬間、彼らはその手にある男性権力を振り回すのだ。フェミニストのイシューで論戦が激化すると、彼らは議論に割り込んで問題を引き起こす。性売買論戦やロリータ論戦の場合、男性が議論に入ってきたり議論を主導しようとした瞬間、権力図が歪曲され議論はねじ曲がる。男性はいつでも女性の表面的な自由を叫ぶ側に降伏する。なぜ彼らがそうするしかないかというと、男性たちにはラディカルフェミニストになれないという原則的な限界があるためだ。ラディカルフェミニズムは家父長制の根を完全に抜き取るという急進的思想だが、いくらフェミニストといえども男性たちがそれに完全に同意するのは難しいのだろう。男性たちはフェミニスト当事者になり難い。彼らは常に助力者の位置にいるだけだし、そうであるべきだ。彼らは女性たちが本当に権利を手にすることを恐れているのだ。

真の男性フェミは
死んだ男だけ。しかし……

私がフェイスブックで出会った男性が、フェミニストと呼び難い人ばかりだったわけではない。私はいつも男性たちに「真のフェミニスト」になるよう主張してはいるのだが、例として韓国よりも性平等指数がはるかに高いオランダやイギリスなどはもちろん、レイプ、性暴力文化で女性が数えきれないほど殺されているインドでも、立派な男性フェミたちが活躍している。彼らは女性たちに対する服装規制と暴力に抗議するためスカートとハイヒールをはいて通りを行進する。彼らは性暴行を受けた女性たちのためにスカートをはくのだ（自分たちが女性であると主張するためではない点が重要だ）。フランス男性たちで構成される「ゼロマッチョ」は2016年、ヨーロッパの観光客に向けて「真の男ならば性を買ったりなどしない」という電光掲示板広告を作った。

韓国男性の中でこのような「本当のフェミニスト」を見つけるのはとても難しい。韓国は2018年現在、144カ国中118位のジェンダーギャップ指数を誇る、正真正銘の女性嫌悪国家ではないか。韓国の男性フェミは外国の男性フェミと違うという話はここから出てくる。韓国は性売買大国であり、高校生までが修学旅行先で団体買春をする国だ。「性売買をしてはいけない」「女性を殴ったり、殺してはいけない」という言葉が立派な発言として扱われる。「割り勘やデート通帳［訳注・カップルの共有財産］なんてバカバカしい」という程度のことを言うだけでわきまえ男とされる。それがたとえ口先だけだとしても、そんなことを言う男自体が絶対的に不足しているために多くの関心を引き、応援されるのだ。

私はもう男性フェミを信じない。自分をフェミニストだと主張したり、他人からそんな評価を受けて当然と考えるフェイスブックの数多くの男性たちが、時間が経つにつれ失望させてくる姿ばかり見てきたからだ。今まともな発言をしているからといって、後になってもまともであるという保証はなく、自分の言葉と生活をどれほど一致させている人なのか、すなわち「真摯な」人間なのか疑わしいからだ。それゆえ私のような立場の女性たちは「男性フェミ」という言葉を使わなくなって久しい。

非常にまれではあるが、真の男性フェミニスト・アライ（ally、同志）と呼べるだけの男性がまったくいないわけではなかった。しばらくの間フェイスブックでよい文章を書いていた男性なのだが、イケメンで常識もあるため過剰な関心を引き、彼男自身がそのことを負担に感じて自らアカウントを閉じて消えていった。フェミニスト間の論戦にはできるだけ割り込まず、韓国男性たちを分析し告発することに集中している男性もいる。ある男性は学校で教師たちがしでかす女性嫌悪的言動を告発するページを作り、学校関係の男性集団から徹底的に攻撃を受け、一部女子学生からも非難されていた。不都合を顧みず告発の投稿を続けた結果、学校側の謝罪と後続措置を勝ち取った。他にもある。ＳＮＳのグループトークを公開した男性たちだ。男性集団のひそかな結束を破って内部告発した男性たちも存在する。そのため彼らは危険に晒されたが、正しいことだからとやりぬいて、それから静かに去っていった。

ある男性たちは私に会いにオフラインイベントにやって来た。彼らは控え目すぎるくらいの挨拶をし、どうすれば真の男性フェミニストになれるか尋ねた。公開の場で質問はできず、こっそり近づいて挨拶しながら、男性である自分がフェミニストになるには何をどうすればいいかと聞いた。「一度スカートとハイヒールをはいて、光化門広場で『性暴力は女性の服装のせいではない！』と書かれたプラカードを掲げてデモをしてみてはどうです？」と私が答えると、頭をかきながら後ずさりしてそのまま消えた。彼らにはやはり難しすぎたのだろうか。それをきっかけに、私は男性たちのためのフェミニズム特別講座を開設すべきかひとしきり悩んだ。「男？　そんなもんに教えてどうすんの？　どこへ行ってもマンスプレイニングしてつけあがるだけだろ」という気持ちと、「フェミニズムを正確に知らないから、フェミニストとして生きられない人もいるかもしれない。私が少しでも教えてあげれば、勇気を出せる男たちがまだいるんじゃないかな」という気持ちの間で……。

ここにはまだ人がいる。
今度はその人たちが話す番だ

今年の初めに本アカウントと第二アカウント、第三アカウントまで削除され、私は声を出す窓口を失った。いよいよオンライン発言の限界を感じたのだ。手足を切られ声を奪われたような挫折感と敗北感、怒りが押し寄せた。オンライン世界自体を否定したり、意味を過小評価する既成フェミニストたちのような意味で、オンライン女性主義が限界だと言っているのではない。オンラインはオフラインとまったく区分できない世界で、オンラインはすでに私たちのアイデンティティを形成し、関係を作る空間となって久しい。オンライン内部での運動は相変わらず重要だし、これからもそうだろう。ただオンラインで持続的に声を削除される私やラディカルフェミニストたちも、顔を突き合わせ、議論し、勉強して情報を得るオフラインの場所が必要だと考えるようになった。

これはオンラインフェミニストである私たちの活動領域を広げるべきときが来た、という意味でもある。そして私は気がついた。フェミニズム内部で私たちが経験してきた葛藤は、単にオンラインだけの問題ではなく、また最近のフェミニスト世代だけの問題でもなく、以前からずっと起こり続けていたり、どこかで交流が途絶えてしまったフェミニズム陣営間の葛藤と反目の一部だということを……。私はオンラインとオフラインを行き来し、壁を壊して越えていく必要があると感じた。長く戦い続けるつもりならオフライン活動をためらってはならず、顔を合わせて説得したり、ときに大声で言い争うことも避けてはならない。ともに声をあげなければならないときには力を合わせ、方向性がわかれたときには、今後の正しい運動のために論戦もためらってはならない。私は葛藤がない（ように見える）時代よりも、葛藤が表面化している時代のほうがよほど健康的だと思う。今フェミニズムが激動し、現場が揺れているのは、私たちが生きている証だ。もはや声を押し殺さないぞという、私たちの宣言だ。

いわゆるメガリア世代、または「ヘルフェミ（「地獄から来たフェミニスト」という表現が流行して生まれた言葉）」と呼ばれるオンラインフェミニストたちが声をあげ始めて、ようやく2年が過ぎたところだ。男性フェミニストたちと有名な学界フェミニストたちはときに同じことを言い、オンラインの20・30代フェミたちの限界を論じる。彼らは礼儀正しく、大概がエリート主義的だ。新生フェミニストたちは彼らに囲まれながら声をあげている。男性権力によって奪われた声を取り戻す闘いを始めたのに、意外にも私たちを黙らせようとする人たちがフェミニスト陣営の中にいたとは。相対的に学閥と文化資本を持たざるものが自己主張し、意見を拡散させようとするのは至難の業だ。ヘルフェミの間では「値切り」と、「ガスライティング」（状況を操作し被害者と加害者を混同させたり、自身を疑うよう仕向けたり、相手を心理的に支配するという意味の心理学用語。単語辞典参照）という言葉が流行している。ようやく口を開いたばかりのフェミニストたちは、ありとあらゆる種類の権力を拒否し、自分の考えを話すために戦っている。権力がないからこそ言葉が乱暴なのだ。そしてたくさん話し、さらにうるさく騒ぎ立てる。そうしていれば誰かに、どうにか声が届く。それが私たちの戦略だ。こんな声を過小評価する人々がいる。オンラインの中で身元がバレる心配をしながら、仮アカウントに隠れてようやく発信できる主張など受け入れられない、と彼らは言う。しかし彼らは誤解している。仮アカウントを使うのは主張に確信がないからでも、隠れて発信しようとするからでもない。それは女性たちが話した瞬間ぶつけられる数多くの非難と抑圧、破壊に打ち勝つため、私たちが選んだ方法なのだ。

私は女性たちの言葉によりたくさん耳を傾け、女性たちをねぎらう言葉をより多く発するつもりだ。「みんなのための」フェミニズムではなく「すべての女性のための」フェミニズムであるべきだと声を高めるつもりだ。フェミニズムは女性解放運動であり、巨大な革命であり、男性は膝をついて謝罪しながら涙を流し、自分の権力を手放すべき立場だということを最後まで話し続けるつもりだ。男性の「まともな発言」を持ち上げ、賞賛したりはしないつもりだ。まともな発言程度で認められたがってやきもきする男性がいたら、遠慮なく発言の価値を値切ってやろう。当たり前のことを吐いただけで誰に恩を売ろうってんだ、と。当たり前のことを言ってもただ当たり前なだけと気づいたとき、男性たちも少しは謙遜というものを知るはずだ。男性の発言は多少減っても構わない。その分女性たちが自分の考えを話すようになればいい。

SNSが権力闘争の場であることを否定はしない。私はさらに多くの男性たちの口を塞ぎ、さらに多くの女性たちの口を開かせ、有名な男性「フェミニスト」よりもたくさん話したいと思っている。私がまだ生きていることを、私より先に削除され死んでいった女性たちに代わって、さらに大きな声で叫んでやろう。ここにまだ人がいるのだと。そして今度は私たちが話す番だと……。

クク・チへ流、真の男性フェミニストになる方法

たぶんしばらくは、男性たちのためのフェミニズム特別講座を開くことはなさそうなので、真の男性フェミニストになる方法をここに短く書いてみる。

フェミニズムをやろうという男性たちは大概テキストを読み、討論をし、知識を積み重ねたことを誇っている。そして自分がいかに「韓男とは違うか」証明しようと懸命になり、フェミニズムという名で自分を包装する。しかし実を言うと、男性たちは特に何かを勉強する必要はない。彼らに足りないものは経験であって、知識ではない。男性たちはフェミニズムの基本書を1、2冊読めばよい。その上で女性たちの声を可能な限りたくさん聴くべきだ。決して一言添えたりせず、聴くだけでなければならない。フェイスブックには女性たちの性暴力経験談のような長い投稿がたくさん上がっているが、共感したからといってそこにコメントをつけてうるさがらせる必要はまったくないということだ。静かに「いいね」でも押せばよい。

聴け。聴き続けるのだ。

女性たちがどんな経験をしてきたのか、どんな悔しい思いをしてきたのか、何を望み、

企画しているのかを聴くのだ。女性たちとの対話で自分の考えを伝える必要は特にない。歴戦の民主化勇士の前で自分の政治的理念を説く必要がないように、女性たちに対しても自分が考えているフェミニズムを説明する必要はない。女性たちと出会ったらただ聴くだけにして、考えたことは頭の中に納めておこう。知りたいことがあれば謙虚な態度で尋ね、そんなことも知らんのかと打ち返されたら申しわけないと思おう。あなたはまだ知らないだろうが、女性たちにすれば数百回話したことなのだ。あなたが今まで知らなかったのは「知らなくてもよかったから」だという事実に気づこう。そうすれば謙虚にならずにいられないだろう。

当然女性たちもフェミニズム勉強会をする。私たちの経験を説明してくれる理論に出会い、そんな理論がなければ夜を徹して討論する。私が主催したり参加したりしたフェミニズムの集まりは、いつも実践的な方法を模索する討論でしめくくられ、そんな討論の結果、実際に多くのアクションが起こった。韓国女性たちは自活に慣れている。自分で方法を探し、腕をまくって行動することに慣れているのだ。反面、韓国男性たちは「飯くれ虫」という名前がつくほど、自分で自分の食事も用意できない種族として有名だ。だからなのか、フェミニズムの集まりにまで参加しては女性たちに質問ばかりしている。ああ、「じゃあどうしろってんだ」って？

そんな態度だから罵られるのだ。当然男性たちも実践的な方法を探して実際の行動に移さなければならない。フェミニズムは口げんかではなく実践であり、行動だ。男性たちはたとえ小さなものでも、ジェンダー平等のために、男性ゆえに持っていた権利を手放さなければならない。私たち女性は賃金格差是正を主張しており、男性たちが月給の36パーセントを返納するパフォーマンスを望む。男性にとってこれは実際、スカートとハイヒールをはいてデモをするより簡単だろう。性売買業者の密集する通りで「真の男ならば性を買ったりなどしない」というビラを男性たちに配るのはどうだろう。業者と買春者から袋叩きにされそうで怖いだろうか。何回か叩かれたら暴行罪で通報すればよい。自分の性買収経験や、中絶を強くすすめたりそそのかした経験を告白し反省文を書くのもおすすめだ。性売買や中絶を経験した女性たちに浴びせられる非難と嘲笑に比べれば、男たちはどれほど寛大に評価されているか体を張って証明し、これについて報告書を書いて発表してみよう（そして謝罪の気持ちを忘れずに立ち直ろう）。

そんなことよりはるかに簡単なことも多い。簡単なことからやればいいのに、どうして男たちは何もしないのだろうか。メガリアとウォーマドのフェミニストたちは、女性たちを説得するためトイレにステッカーを貼った。そのために募金をしたり、自腹も切った。コピーを考え、絵を描き、ステッカーを大量製作した。完成したステッカーを地域ごとに手分けして回り、公衆トイレのドアに貼った。男性たちの女性嫌悪とレイプカルチャーを告発し、性犯罪の原因は女性ではないというメッセージを込めたステッカーだった。しかし実際この問題を知らせ、説得しなければならない相手は男性なのではないか。性犯罪をなくすには、男性たちがレイプをしなくなればよい。性犯罪にあったのは「あんたのせいじゃない」と女性たちに伝えるのと同じくらい大切なことは、男性たちに「それはレイプだ」と言ってやることだ。私が男性フェミニストなら、ステッカーを作って男子トイレに貼るだろう。「隠しカメラで〝撮る〟のはやめてください」〔訳注・女性に対して「〝撮られ〟ないようご注意ください」と言い聞かせがちな社会への批判がこめられている〕だとか、「真の男であれば、女性が飲んでいる酒に薬物をもったりなどしません」のようなコピー。なんて教育的なんだろう。しかし韓国ではこのような簡単な行動さえ、実行に移した男がいるとは聞いたことがない。

ごく一部の男性たちがグループトークでのセクハラを告発したり、教師の女性嫌悪発言を告発したことは大変立派だが、組織化されていない点で限界がある。男性フェミたちは自分自身の女性嫌悪を告発し、集団懺悔の時間を持って、目に見える行動を共同で企画し、組織的に実行する必要がある。その過程でイルベなどの男性集団によって個人情報を晒されたり「マンコ洗い（女性器を洗ってやる男という意味で、女性を支持する男性を揶揄する表現。単語辞典参照）」とあざ笑われても、おそらくそれに負けないほど多くの人々があなたたちを賞賛してくれ、メディアのスポットライトを浴びることになるだろう。そのときになれば、私もまたその男性たちに向けて、心からの拍手を送れると思う。

第5章

最後まで生き残ろうとする女は、汚名を着せられる

――イ・ジウォン

自分の怒りを信頼するという宣言

怒りをエネルギー源にする女性運動は適切な解放運動と言えるのか、と指摘した人がいた。この言葉はどこまでも、故意に女性運動を妨害するものだと思っている。女性運動が怒りを動力として過激化したのは、現実が女性たちをそれだけ過酷に苦しめているからだ。この明白な事実を無視したまま、わざわざ運動の過激さをうんぬんする行為は、運動の主体である女性への不信の態度であり、女性たちが展開している運動を黙殺するためのものだ。何より女性解放は、女性たちが怒りの監獄に閉じ込められたことから始まる。女性に加えられてきた抑圧と搾取に自分自身で気づいた女性たちが怒りを表出し、自分自身が被害当事者であると自覚した女性たちが怒りをエネルギーに抵抗したのだ。私たちはずっと、女だという理由で味わってきた自分の感情を信頼しないようしつけられてきた。そんな私たちが、この間自動的に抑えつけてきた悔しさを憤怒に換えた。これは私たちが私たち自身の怒りを信頼するという宣言だ。しかしブチ切れた女性たちを相手に「なぜそんなに怒るんだ」とあざ笑ったところで、女性運動は止まらない。怒りが込み上げ、ブチ切れて、もう抑え切れなくなった女性たちの歩みが女性運動だからだ。

このように、女性の怒りは女性の覚醒を意味する。女性が怒りの監獄に閉じ込められた瞬間が、女性運動の導火線となり女性解放の発火点となる。このことを一番恐れているのは誰か。性別に立脚したヒエラルキーを構築し、女性を下位階級に押し込み、女性に対する抑圧と搾取を体系化してきた男性たちだ。男性たちは男性が女性を支配し、女性が男性に従属する構図をがっちりと固めてきた。この構図の中で、性別は相変わらず階級である。この階級的条件を維持するため、男性は女性を奴隷として、植民地の民としてしつけたのだ。女性が奴隷にならなければ、植民地状態に甘んじなければ、既存の秩序が破壊されてしまうから。だから私たちは私たちの怒りがもたらす破壊力、そして怒りによる覚醒がもたらす潜在的な力を、疑ってはならない。私たちが味わってきた怒りの原因は明白だ。家庭の中で、女という理由で最初から生まれることもできなかったり、女という理由でいつ死なされるかわからないという現実が、実際にあるではないか。女が女という理由だけで死んでしまったり、死にそうになったり、死ぬかもしれないのが大韓民国の社会だ。

私の怒りは、私を含む女性たちが女という理由で死なされるという現実から出発した。女性が失踪し変死体で発見されただとか、親密な関係の相手に殺害され遺体をひそかに埋められたという報道が、毎日押し寄せる。問題は大韓民国の社会がこれらをゴシップとして全国的に消費させ、女性への暴力に対する感覚を麻痺させていることだ。この社会では女性が暴力に晒されている状態が、デフォルトとして設定されている。そのため女性が受ける暴力が、どれほど大衆に刺激を与えられるかをカギにレベル分けされる。だからメディアは女性がより残酷な形で殺された事件を選び抜き、優先的に報道し、視聴率を取るため、被害者をひたすら「○○女」とステレオタイプに置きかえるのだ。これは女性への暴力を、女性の人権や市民の安全、国民の権益保護の次元で取り扱わない態度だ。こんなセンセーショナルな報道に慣らされた大衆は、女が失踪し殺害されるのは珍しいことではないとして、相対的に女が殴打されるとかレイプされることを些細なことのように思い始める。こうして女性が暴力被害に遭うことに対し社会が感覚を麻痺させるほど、女性への暴力は放置されやすくなってしまう。

レイプを承認することで守られる兄弟愛と男性たちの名誉

それに関連する事件を紹介しよう。2016年10月21日、高麗大学に「おまえの前途は明るいのだな」というタイトルの大字報〔訳注・手書きで意見や主張が書かれた壁新聞のようなもの。韓国の大学でよく見られる〕が貼られた。この大字報は、裁判所や大学が女性への暴力をいかに放置しているかを暴露していた。高麗大学所属の性犯罪者、ソ氏は相手の意思に反し強制わいせつを行い、相手を無理やりモーテルに引き込んでわいせつ行為をし、暴言を浴びせ続けた。これに対し裁判所は一審で、加害者は初犯であり、名門大学の学生であり、教授や先輩後輩が善処を嘆願しているからと、加害者の将来を考慮してやった。控訴審では、盛り上がった雰囲気の中、酒に酔い、偶発的に犯行に及んだだけだからと加害者に感情移入しながら、被害者と顔を合わせないよう入隊〔訳注・韓国男性には兵役の義務が課されており、入隊時期は20～28歳までの間で選ぶことができる。大学在学中に入隊するのが一般的〕を申請した加害者の行動に反省が見られるとし、減刑判決を下した。司法の優しさと寛大さに応えるかのように、性犯罪者ソ氏は実際のところ義務警察〔訳注・兵役として軍隊ではなく警察のアシスタントをする。軍隊に比べると楽なため希望者が多かったが、2018年末にこの制度は廃止された〕にも入隊しなかった。停学中に公認会計士の資格試験準備をし、控訴審判決が出てから半年で復学した。この事件でもっとも不遇なのは男性加害者ではない。この事件で未来を考慮され将来を期待されなければならないのは男性加害者ではない。この事件で加害者が飲酒したかどうかは、偶発的な犯行と弁護される根拠にはならない。それでも裁判所は、被害者の控訴を棄却するも同然の減刑を宣告した。

男性性犯罪者と男性担当裁判官の目頭が熱くなるような兄弟愛は、大学においても涙ぐましいほどに繰り返された。この事件では性犯罪者の先輩や教授であると同時に被害者の先輩や教授でもある人々が、性犯罪者の未来だけを考えて性犯罪者のための嘆願書を作成し、減刑に一役買った。これに賛同した男性教授および男子学生たちは、厳然たる高麗大レイプカルチャーの立役者たちだ。それでも彼らが顔をあげ大手を振って歩けるのは、彼らが男性であり、事件の加害者もやはり男性であり、事件の被害者が女性だからだ。男性たちは、男性加害者を無罪にしてやることが自分たちの持つ権力の核心だと知っている。それゆえ毎度のことうるわしい兄弟愛を発揮するのだが、実際女性たちを黙らせ続けてきた彼らにとっては、あまりにたやすいことだった。ついにはこの事件が公論化され、世論は大学側の責任を追及したが、まともな回答を聞くことはできなかった。それどころか性暴力犯罪を告発する女性たちを無視したり、実質的に不利な状況に追いやって、大学の名誉を失墜させまいとした。ことほどさように大学は性暴力犯罪を告発する女性に対し非友好的である。大学が学内の性暴力事件に対処しないのは、女子学生の有能さや将来性を重要とみなさないからだ。大学が男性のレイプを承認してやってまで守ろうとする「名誉」に、女性はあずかれない。

こうして加害者である男性は、社会に味方されて未来のための準備をし、被害者である女性は社会から傍観され構造的に忘却される。この両極化された構図が大韓民国社会の素顔だ。これは男性の犯罪の対象が女性であるために可能なことだ。男性の犯罪の対象が男性である場合は、この構図がそのまま作用されはしない。そもそも男性は自分の怒りを別の男性にぶつける必要がない。怒りのはけ口として女性をあてがわれてきた歴史があるからだ。それゆえ男性の怒りの直接の原因が別の男性であっても、男性はそれを当事者にぶちまけず、女性という怒りのはけ口に暴力を加える形で代理解消する。そのように、男性は自分が女性を統制することができ、加害することができ、それによって報復を受けないことが自分の権力であると知っているために、女性を抑圧するのだ。この社会で加害者となることは権力であり、罪を犯して罰を受けないことも権力であり、犯罪の事実を擁護されることもまた権力だ。この権力は男性には許されているが、女性には許されていない。このような現実の中で、今や女性はしっかりと新しい観点を持ち、女性の利害関係に集中しようと宣言するのだ。しかしこの宣言が妥当ではなく利己的だとされる理由は、その行為の主体が女性だからであり、大胆不敵に男性の持つものを欲したためだ。したがって現実に怒りを持つ女性だけが、タブーを打ち破ることができるのだ。

男性秩序から脱走しようとする女を火あぶりにせよ

現実を理解し、怒る女は汚名を着せられる。女性たちが生意気にも自ら考え、自らものを言い、自ら行動するなどということはタブー視されるべきだから。男性中心的な秩序から脱走しようとする女性たちを引っ捕らえ、ムチ打って火あぶりにしてきたのが魔女狩りの歴史ではないか。このような動きは、女性たちが女性たちだけのつながりを構築し、女性たちだけの空間を占有するとき、さらに活性化する。もはや男性を経由することなく、自分の存在価値を自分で確立させるという女性たち、これ以上男性たちと関係を結ばないという女性たちが、女性たちだけのつながりと空間の中で爆発的に増えてしまうからだ。女性たちだけのつながりと空間は、かつての覚醒した女性たちが猛烈に作り上げた女性運動の成果であり、将来さらに多くの女性たちが覚醒してゆくであろう女性運動の可能性だ。女子大学はその条件を残らず備えている。女性が完全な主体となり、他の主体としての女性とつながり、女性たちだけの空間を占有してもよい場所。どんなに女性が自ら考え、自らものを言い、自ら行動してもそれが当たり前でしかない場所。だから女子大学は男性中心主義社会で毎度のこと標的となり、女子大学の学生たちもまた数えきれない汚名を着せられてきたのだ。

その数えきれない汚名にもかかわらず、性別による権力がはっきりと区別されていることの社会で、女子大キャンパスは私にとって開放的な空間なのだ。私はこの空間で男性の先輩、男性の同期、男性の後輩による暴力が発生しないことを前提に行動することができ、それだけでも相当な自由を味わっている。だから私は大学内でいくらでも横になる。そのまま眠ってしまっても問題ない。こうして横になってうっかり眠ってしまったからといって、レイプ被害に遭うこともない。他の女性たちも大学内で自分の好きなように、自由な姿勢をとっている。こうしてあちこちでダラダラしている女性たちは化粧をしていようがいまいが、露出が多めの服を着ていようがいまいが、男性の先輩、同期、後輩から品評されたり、視線によるレイプをされたりもしない。だからこそ私たちは好きなだけ空間を占有できる。共学大学の女性たちは女性が大学内で自由にダラダラしている女子大学の風景が本当に新鮮で、不思議でさえあると言う。そして好奇心からためしに横になってみて、こんなに快適なことはない、共学大学だったら絶対できないことだと驚くのだ。

既存の空間が性別による権力に立脚し、女性たちの口を塞ぎ、女性たちの行動を制約し、当然のことも不自然なことに仕立て上げるのに対し、女性たちだけの空間はその逆に作用する。それほど女子大キャンパスではできても、共学大キャンパスではできないことが多い。女子大では女性がどんな姿をしていようと安全で自由で、好きなだけ空間を占有できるのだ。同時に女子大キャンパスでは成立しないものの、共学大キャンパスでは非公式に成立しているものがある。女子大キャンパスでは誰も私たちに「そんなふうに寝っ転がるな」と説教したりしない。誰も「そんなふうに寝ているからレイプしたんだ」と弁明できない。すなわち、女子大キャンパスでは女性が足を広げて座っていようが、警戒心を解いて寝転がっていようが、それらはレイプの理由にならない。私たちはその差が性別による権力の根拠だと、体で学んでいる。これこそ女性たちだけの空間が女性たちに与える力だ。だから女子大学は、女性たちが自分の体をどれほど自由に使っても安全であるべきと教え、だから自由にしていなさいとキャンパスという安全な空間を差し出してくれるのだ。

このように女子大学では女性だけが主体となり、女性たちが空間の主権を持つ。それゆえ空間の構成員の安全を脅かす者を裁かなければならないこともあるのだが、その際女子大の男性教授や男性職員が例外とされることはない。しかしまず容疑者としてあげられるのは、外部の男性だ。それほど外部の男性たちによる女子大への「侵入」が頻繁に起こるためだ。外部の男性たちは女子大に「侵入」し、女性たちを品評し、視線でレイプし、盗撮し、セクハラ発言やセクハラ行為、性暴行をする。自分が男性中心社会から付与された性別による権力を、女性たちだけの空間でも行使しようとする。これは男子禁制区に対する男性たちの好奇心などではない。隠密な、女性たちだけの空間に対する男性たちの暴力と侵害だ。女性たちだけの空間に侵入し、その空間の主体である女性たちを脅かすことで自分の男性性を確認しようとする絶対的な故意である。同時に自分の人生の主体となろうとする女性たちに汚名を着せ、自分がこの女性たちの統制者でありこの空間の主体となろうとする傲慢さと権威意識である。

空間の主権を侵奪する男たち

「女子大に侵入する男性たち」には系譜がある。代表的なものが1996年「高麗大生たちによる梨花女子大学祭乱入および暴行事件」だ。大きなイベント時に外部からの出入りが許可された1985年から、高麗大の学生たちはイベントのたびに押しかけて梨花女子大の学生たちを性的にからかい、物理的な暴力を加えた。彼らの暴力は年々ひどくなってゆき、高麗大のある安巌洞《アナムドン》から梨花女子大へ向かう行列も長くなっていった。1993年、高麗大生3、4名により、梨花女子大の学生数名が髪をつかまれて引きずられ失神した。彼らは止めに入った梨花女子大の学生会長の頭にマッコリを浴びせた。1994年、高麗大生たちは梨花女子生たちのイベント参加を妨害し、学生会長を殴打した。1995年、高麗大生らは自分たちのせいで配置されることになった警備員を殴打し骨折させた。1996年、500名を超える高麗大生が綱引きイベントの隊列に押し寄せ大暴れした。高麗大生たちは女性教授の車の上にあがり奇声をあげ、器物損壊もためらわず、彼らの暴行で骨折させられた梨花女子大生たちが続出した。

このように、暴力を動員して女性たちだけの空間を侵害し、女性たちだけのイベントを妨害することが「女子大に侵入する男性たち」の典型だ。右記の事件は高麗大生たちが梨花女子大生たちに加えてきた、12年間に及ぶれっきとした集団性暴力犯罪であり、「犬と高麗大生、出入り禁止」という看板を見て笑いすごせるような単純なハプニングではない。しかし彼らの加害は社会から「よくあること」「悪ふざけ」「梨花女子大生たちが、延世大《ヨンセ》生とは寝ても高麗大生には足を開いてやらないからこうなるんだ」などの言葉で擁護されていた。反対に彼らの加害に抵抗した女性たちは「バカフェミ」と汚名を着せられた。それから20年経っても、この歴史は続いている。2013年9月24日、「日刊ベスト（イルベ）」会員である男性が梨花女子大で学生たちを侮辱するプラカードを展示した。内容を一部抜き出してみる。

・洋チン食らって男遊びして、西洋人のアレが最高だってか。大韓民国最高の名器だって思い込んで調子づいてるな
・生活かかってない娼婦OUT、すり切れた売女OUT、捨てどきの雑巾OUT、精液受けの便器OUT、塩辛いキムチOUT、自発的アバズレOUT、義務なき権利

○ＵＴ

・梨花大は知性の殿堂ではなく娼婦を量産する業者だ。近所の延世大は悪い病気うつされないよう注意しな。この娼婦どもとつるむんじゃない

２０１７年３月８日深夜２時ごろ、梨花女子大寄宿舎の各個室に露骨なセクハラ電話が続けざまにかかってきた。このような事件は２００２年にも、２００３年にも、２００４年にも、２００５年にも、２００６年にも、２００７年にも、２００８年にも、２００９年にも、２０１０年にも、２０１１年にも、２０１２年にも、２０１３年にも、２０１４年にも、２０１５年にも、２０１６年にも発生した。いつから発生したかが重要ではないほどに、女子大学寄宿舎にかかってくるセクハラ電話は長い歴史と伝統を持つ男性の暴力だ。とうとう２０１７年、女性たちがこれを警察に通報すると、警察は加害者がうつ病にかかっていると知らせてきた。これは女子大学寄宿舎にセクハラ電話をかけ気分転換する男性の精神状態が、それ以来電話のベルにも恐怖を覚えるようになってしまった女性たちのトラウマよりも重大だという、警察の本音の告白だ。そればかりか女性たちの告発と抵抗を無力化させようとする男性社会からの脅迫でもある。この二つの事例は、女子大学の

学生たちを対象とした男性たちの言語的、精神的暴力が、オンライン・オフラインの区別なく無差別に振るわれることを示している。

2017年4月21日夜9時ごろ、東国《トングク》大学史学科の男子学生たちが淑明《スンミョン》女子大学の科学館に侵入し、淑明女子大生たちにセクハラ行為と暴力を加えた。しかもこの犯罪者たちは警備の目を避けるため、計画的に侵入経路を設定していた。女性たちはこれを警察に通報し、非常対策委員会を設置して事件処理を進めた。ところで東国大学史学科はこれに対し「淑明女子大で起こったことについて心からお詫び申し上げます」というタイトルの謝罪文を発表した。つまり加害学生の所属大学ではなく被害学生の所属を強調し、れっきとした暴力をただ「起こったこと」と矮小化させたのだ。このあまりに見慣れたテンプレートに対し、1200名の女性たちがオンライン署名をし、当該学科に謝罪文の修正を要求した。そうなってようやく東国大史学科は「東国大学史学科17年度入学の学生によるわいせつ事件に対し心からお詫び申し上げます」というタイトルに修正し掲載した。東国大のこの渋々の態度と同じく、相変わらず一部の男性記者たちはこの事件を報道する際、女性たちの連帯についてはほとんど言及せず、男性加害者よりも女性被害者に焦点を当てていた。

女子大別チンコの家地図

こうして今でも男性たちは女子大に侵入し暴力を振るっているのだが、今や女性たちも賢明に、そして偉大に対処している。ところで女子大に侵入する男性といえば中年の露出狂のようなイメージが浮かぶかもしれないが、実際は若い男子学生たちがかなり多い。これは共学大が女性嫌悪を文化として消費してきたためであり、そのため女子大に侵入する男子学生たちは増え続け、やり方も多様になっている。例をあげると、延世大学の主要応援歌である「Ｗｏｏ」の中で、1分18秒間「高麗大は不細工だ／なんといっても不細工だ（中略）梨花大に振られ、淑明大に振られ／どこからも振られ」と繰り返される。このリフレインは延世大と高麗大の対決構図という学閥主義文化を押し出して、女性に対する男性の権威意識を隠蔽している。この共学大の女性たちは削除され、女子大の女性は共学大の男性たちの潜在的交際相手に貶められているためだ。おまけにこの応援歌は延世大生なら必ず覚えなければならないとされている。つまりこの応援歌がずっと男性性の誇示と女性に対する嫌悪表現として批判されることなく、むしろ「レベルの高い」大学の「優れた」

文化として通用してきたことがわかる。

　大学文化を構成する代表的素材の応援歌すらも女性嫌悪を含んでいるところを見ると、大学文化を消費する男子学生にとって女性嫌悪はスポーツでありエンターテインメントのようだ。大学文化を構成するもう一つの代表的素材であるオンラインコミュニティもやはり、女性嫌悪を基盤に維持されている。「タイムテーブル」は新村《シンチョン》にある大学所属の学生たちが時間割を組み立てるのに非常に有用なコミュニティだった。しかしこのコミュニティの実質的な原動力は、匿名掲示板の遊び場であり、ホームページ開設以来10年間、ずっと女性嫌悪およびセクハラ投稿で塗りつぶされてきたと言っても過言ではない。私は大学入学と同時に、そこで女子大所属学生たちに向けられた蔑称を知ることになった。たとえば梨花女子大の学生は延世大の「チンコの家」「精液受け」と、ソウル女子大の学生は陸軍士官学校の男性の「チンコの家」「精液受け」と、漢陽《ハニャン》女子大学の学生は漢陽大学の男性の「チンコの家」「精液受け」と決めつけられていた。この蔑称は地理的な近さを基準として、異性愛主義と学閥主義を文化的に書き起こし、女子大の学生たちを共学大男子学生の肉体的な排泄口に貶めている。それどころか男性たちはこれを元に女子大を「女子大別チンコの家地図」で区画し、女子大所属学生への嫌悪を露骨に展示している。

女性の空間が消えてゆく

レイプカルチャーは男性たちの共謀を通じて構築される。これまでなかったほど積極的に男性加害者を隠匿し、女性被害者を晒しものにする形で。そこから比較的独立した場所が女性の空間であり、女性たちは女性の空間の主権を持っている。しかし前述の事件が教えてくれるとおり、男性たちは毎度暴力でもって女性が占有する空間を破壊し、女性が所有する主権を奪おうとしてきた。そこで私は梨花女子大女性主義学会学会長として、淑明女子大中央女性学サークルＳＦＡと「女子大に侵入する男性たちと、『女の敵は女』の真実」というタイトルのセミナーを準備していた。安全な空間以外であってはならない女子大においてすら安全でいられない。そんな女たちのための場所が必要だったからだ。彼女たちのための場所を作り、女子大に侵入した男性たちの起こした事件が性別による権力に起因する社会的問題であり、女性を対象とした犯罪であることを積極的に公論化しようと思った。

このセミナーを通じて女子大所属の学生たちがなぜ犯罪の標的にされるのかを分析し、

これに対する大学側と警察側の対応が不十分であることを批判し、さらにこのような一連の事件を土台として男性たちによって女性たちだけの空間が破壊される過程を論じるつもりだった。

「女子大に侵入する男性たちと、『女の敵は女』の真実」企画チームがもっとも力を注いだのは、被害者によるトークだった。女子大の外部の者である男性たちから暴力を受けた被害当事者と目撃者の方々がセミナーに参加し、自分たちの経験を直接語ってくれることになった。つまり、このセミナーは依然としてトラウマから抜け出せていない女性たちが勇気を出し、他の参加者たちと被害経験を共有し、互いに支持し応援し合い、女性たちの間の治癒と連帯を構築するための場所だった。そのためセミナー企画チームには発言者たちの安全を確保し、身辺を保護する責任があった。しかもこの発言者の方々は、男性という存在自体に強いトラウマがある状態だった。そのため企画チーム側に対し、参加者の構成によってトラウマが再び誘発される状況を未然に防いでほしいとのお願いがされた。企画チームはフェミニズムの集まりやセミナーで男性がいないとき、女性たちの発言がどれほど自由になるかを経験してきた。またフェミニストを自称する男性さえも女性の発言権より自分の発言権を重視することや、フェミニズムのイベントで女性の発言に対して特に注意を向けなかったのが男性だけだったという記憶も多い。そう考えると、被害者によるトークセッション実現のためには発言する女性たちを保護し、安心感を確保できる環境作りを優先させる必要がある。企画チームは内部での会議を経て、発言者の生存権と発言権のため「わりあてられた性別*」における男性（社会的にわりあてられた生物学的性別が男性である人）の参加を制限した。

*「わりあてられた性別」 クィア陣営で考案された用語で、生まれたときに判断される生物学的性別を指す。クィア学は生物学的性別が実在しないことを前提としているため、この用語を使用する。フェミウィキでは「わりあてられた性別」の誤用事例として梨花女子大女性主義学会「女子大に侵入する男性たちと、『女の敵は女』の真実」セミナーを紹介し、「わりあてられた性別」という単語はトランスジェンダー当事者だけが使用できる単語であると主張した。しかし性別による階級は生物学的性別を基盤として作られており、生物学的性別は個人が変えられるものではないと考えるフェミニストたちは、クィア学と根本的に異なる立場にある。

「わりあてられた性別」における男性のセミナー参加を制限するという処置は、すぐに騒ぎを引き起こした。まずSNSでこの処置について問題提起がなされた。「トリガー（心理的刺激）を憂慮するなら『男性パッシング〔訳注・ここでは男性の見た目を持ち、男性としてパス（通用）すること〕』の参加者のほうが望ましくないのでは？『わりあてられた性別』という言葉の使用は、トランス女性を含めたジェンダークィアを排除することではないか？性別が男性であることに重きを置くのか、それとも男性に見えることに重きを置くのか」という内容だった。梨花女子大女性主義学会の学会員Aは同学会にこれを伝え、この問題提起に同意するとした。そしてシスジェンダーである企画チームが、この処置を通じてマイノリティであるジェンダークィアたちの言葉を奪い、その政治的意味を脱色させているとした。さらにAはこの処置が被害者たちの要求に基づいたものであると知った上で、被害者たちに「クィアフォビア」という烙印を押し、問題の責任を転嫁した。「私は被害者の方々が被害を受けたからといって、他の方面で抑圧の加害者となり得ないとは思わないんです」と。

「女子大に侵入する男性たちと、『女の敵は女』の真実」は、セミナーの主題と進行の構造だけを見ても、被害者の立場で考えなければならず、被害者の立場が優先的に反映されなければならなかった。男性から暴力を受けた被害者にとって男性の姿がいかにトラウマとなるか、そして男性という存在自体がどれほど恐怖を与えるかは、被害者が誰よりもよく知っている。だから被害者の方々は企画チームに切実に頼んでこられたのだ。さらにこのセミナーは女子大に侵入する男性たちが引き起こした一連の事件を、性別による権力と女性に対する暴力の問題として公論化することが目的であるため、被害女性が必要としていることを最優先させなければならなかった。だからこそ被害者の保護要請を無視することは、企画チーム側にとってさらに危険な決定だった。企画チームとしては、このような特殊な空間に被害者が安全に参加できる環境、被害経験を発言できる環境を作ることができなければ、それこそ二次加害を誘発する事態になると判断した。この処置を取らない限り、被害者の生存権と発言権を保護することが難しかったのだ。

企画チームは被害女性の要請に従った処置が尊重されない状態では、安全に発言できるという被害者保護の基本原則すら守るのが難しくなると判断し、セミナーの開催を断念した。私は企画が雲散霧消してゆく中で、女性たちだけの空間が侵害されるどころか、もはや女性たちが被害について発言できる空間すら成立しなくなったのかと呆然とした。と同時に、女性たちの空間が侵害されている現実に屈従せず、最後まで生き残ってやろうと始めたこのセミナーが汚名を着せられ、セミナーの企画チームと発言者たちが非難を浴びたことが悲しかった。

フェミニズムから、女性たちが追い出されてゆく

世間ではメガリアのスタートと5・17江南駅10番出口殺人事件以降、大韓民国でフェミニズムが本格化したと言われている。しかしまだ十分ではない。フェミニズムは果てしなく本格化し続けなければならない。女性たちは依然として不安に怯えている。女性たちは実際に殺害され、レイプされ、脅され、物理的な暴力を経験している。また必ずしも外傷を負わなくとも、女性たちは恐怖と不安を常に内面化させている。女性たちはトイレの個室に空いた穴に気をつけ、夜間のバイトが必要でも結局は他の仕事を探さざるを得ず、一人での宿泊は可能な限り避けるべきだろうかと悩んでいる。

女性が安全に女性のことを話せる空間と方法が、私たちには今でも必要だ。この社会において女性の心理的、実際的安全が前提とされている物理的空間は、女性たちだけの空間

しかない。この社会でそのように機能する空間がなかったからこそ、かつての女性たちは熾烈なまでに女性たちだけの空間を作り上げていったのだ。女性たちだけの空間で女性たちは、女性であるがゆえにこの社会で味わわされてきたことを他の女性たちと共有することができ、その過程を通じて互いを支持することができる。しかし女性たちだけの空間が侵害されてしまうと、そのような議論の場が消えてゆくのだ。こうしてすべての空間で、またもや女性たちは排除され、既存の空間もまた女性たちに沈黙と従属を強いるものとなってしまう。それゆえ女性の空間は、既存のあらゆる男性の空間とは基本的な利害関係を異にするという点で、女性運動の最前線なのだ。同時に男性によって女性の空間が侵犯されたことは、女性たちにとってきわめて政治的な事案とならざるを得ない。女子大に男性が侵入した事件や、女性たちの連帯セミナーが断念された事件も、このレベルで敏感に受け取られるべきなのだ。

問題はフェミニストたちですらこの件を敏感に受け取れないほどに、女性たちが女性の空間の主権を喪失しつつあるという点だ。正確に言うと、フェミニズムから女性たちが追い出され、女性のテーマが副次的に扱われているのだ。今のフェミニズム陣営では、フェミニストが女性のテーマを最優先に置くと非難される。女性の生存権よりもクィアの「基本権」を考慮しなければならないと。しかしこれは毎度、男性器をつけて生まれたクィアに限定される。フェミニストが女性の利害関係を語る上で政治的に正しくない行動をとれば、道徳的にも問題とされる。道徳とはそもそも「父の法」であるため、しつけのムチを打たれてきた女性が道徳を守ってゆけば、得をするのは男性だ。フェミニストたちが女性運動で女性のテーマを最優先政治課題とし、女性の権益保護に力を注げば攻撃を受ける。さらには女性が受けてきた被害を告発するフェミニストが沈黙を強いられ、ひどい場合はフォビアとして悪魔化される。このフェミニストたちにしつけのムチを打つのは、皮肉なことにフェミニストたちだ。後者の女性たちは既存の男性中心的な進歩およびクィア運動から「ガスライティング」され、自分の利害関係を最優先のテーマとすることができずにいる。そのため男性連帯に対抗するため、世界の半分である女性たちと連帯すればよいのだという確信を持つことすら躊躇している。

女性器を備えて生まれた人に抑圧を加えるのが家父長制だ。女性たちのこの蓄積された経験をなかったことにすれば、家父長制が加えてきた抑圧の実態を明かすことは不可能となる。それでも女性が女性ゆえに受けてきた被害の経験を語れなくするのが、果たしてフェミニストと言えるのだろうか？　最後までこの社会で生き残ろうとする女性たちの恐怖と不安を語らせないのがフェミニストなのか？　基本的に女性たちは、女性たちだけの空間に入ってくる生物学的男性を警戒する。これがこの社会で生き残っている女性たちの一般化された態度だ。特にその女性たちが男性による性暴力を経験していれば、彼女たちが男性に不安と恐怖を感じていることを重く見なくてはならない。「女子大に侵入する男性たちと、『女の敵は女』の真実」企画チームは、最後までその姿勢で臨んだ。女子大の学生は自分自身の性別をどうとらえているかに関係なく、女として男性から暴力を受け得る。自分の性別による権力を利用し女子大の学生に暴力を加える外部の男性は、相手が女性器を備えて生まれた女であり、女性という下位階級であるために攻撃する。このようにこの社会で女性は女という性別として識別された瞬間、男性から暴力を受け得ることになるが、その逆は成立しない。

被害者たちがあのように要請したのも、この傾いた運動場［訳注・一方が勝つに決まっている状況のこと］のためだ。そのことを度外視したまま企画チームの処置を「包摂と排除の論理」として扱うのは、女性たちの被害告発を黙らせる女性嫌悪だ。企画チームの処置を「これこそまさにシスジェンダーヘテロ女性の特権であり、トランスジェンダー嫌悪」だと批判しながら、実際彼らは依然として女性を嫌悪している。トランスジェンダー運動はすでに

ＴＩＦ（Transgender Identified Female, トランスジェンダーとしてのアイデンティティを持つ生物学的女性）／ＦｔＴよりもＴＩＭ（Transgender Identified Male, トランスジェンダーとしてのアイデンティティを持つ生物学的男性）／ＭｔＴ*の利害関係を代弁しており、このため政治的にシスジェンダーヘテロ女性を既得権とみなしている。しかしこの世界に真のシスジェンダーヘテロ女性はいない。シスジェンダー女性は虚構だ。どの女性も家父長制で望まれる完全な女性像と一致することはない。ただ膣と子宮を持って生まれ、それによって女に分類され抑圧を受けるのだが、それでも最後まで生き残ろうとしている者たちばかりだ。その上包摂と排除の原理を作動させることができるのはただ既得権だけであり、この性別階級の中で、既得権を持つのはシスジェンダーヘテロ男性である。だから家父長制に抵抗するためには、シスジェンダーヘテロ男性の特権を全面的に批判しなければならない。しかしＴＩＭによって代弁されるトランスジェンダー運動は、見当違いにもシスジェンダーヘテロ女性の特権をうんぬんしている。当然ながら歴史的にシスジェンダーヘテロ男性の特権を全面的に批判しているのは、女性のテーマを最優先としてとらえるフェミニストだった。

＊ＭｔＴ　Male-to-Transgender 生物学的男性として生まれ、女性としてのアイデ

ンティティを持つトランスジェンダーを指すラディカルフェミニストたちの言葉。同じように女性が男性としてのアイデンティティを持つ場合、FtM（Female-to-Male）の代わりにFtT（Female-to-Trans）を使用する。このためラディカルフェミニストたちはトランスジェンダーを排除している嫌悪集団だという攻撃を受けている。個人が思うままに性別を選択できるのならば、この世界の女性たちが誕生と同時に差別を受け苦痛を受ける必要はないだろう。性別というものは外科手術で変えられるものではなく、女性であることとは精神や気分、または心の状態ではない。女性は生物学的な実体を持っており、その体で生きてきたあらゆる経験の総体である。

女性のテーマを最優先としてとらえられないフェミニストたちは、クィア運動家とともにシスジェンダーヘテロ女性の特権をうんぬんする。彼らは女性たちが男性たちから分離することがさらに別の排除を引き起こさないかと恐れるが、実際のところ分離は排除を引き起こさない。誰かを排除することは、分離ではなく隔離によって可能だからだ。私たちの分離は男性連帯に対する女性たちの抵抗であり、誰かを排除し抑圧を加え得る隔離ではない。しかし女性たちはずっと男性たちによって社会から隔離され、その過程で生存を脅かされてきた。だから性別がそのまま階級となるこの社会は、女性たちの不安と恐怖が公論の場で語られることを望まない。女性たちの不安と恐怖がこの社会を動かす原理だからだ。動力を失った機械は作動できないため、この社会はいつまでも女性たちに不安と恐怖を注入し、同時に被害を告発させまいとする。私たちの怒りは女性たちの苦痛が聖域とされたところから始まった。私たちの怒りは絵空事から生まれたものではない。私たちの怒りは例外なく、私たちが女性として経験せざるを得なかった現実、その残酷さから始まっている。女性が社会から削除されるのは慣習、文化、伝統だとして常に承認されていたのに、男性が社会から削除されることは排除、差別、嫌悪だとして何としても否認される、そんなダブルスタンダードの中で。

「女子大に侵入する男性たちと、『女の敵は女』の真実」セミナー中止に関する立場表明

梨花女子大女性主義学会と淑明女子大中央女性学サークルSFAが共同企画・主催した連帯セミナーが中止となったことをお知らせいたします。本連帯セミナーの企画チームは女子大に侵入する男性たちが引き起こした一連の事件をジェンダー権力と暴力の問題として公論化しようと、「女子大に侵入する男性たちと、『女の敵は女』の真実」のタイトルで企画を進めてきました。さらに女子大外部の男性たちから暴力を受けた当事者の方々に、この連帯セミナーに参加し被害経験をお話しいただくつもりでした。この当事者の方々は、現在男性という存在そのものに強いトラウマを持っていらっしゃいます。そのため私たち企画チームに、参加者構成によってトラウマが再び誘発される状況を未然に防いでくれと頼んでこられました。すなわちこのセッションを行うためには、被害女性の方の保護と安心を確保できる環境があらかじめ整えられていなければならなかったのです。このため企画チームは内部会議を経て、被害者の生存権と発言権のために「わりあてられた性別」における男性の参加を制限することにしました。

しかし梨花女子大女性主義学会のある学会員の方が、『わりあてられた性別』という用語をシスジェンダー女性たちが使用することはジェンダークィアの言葉を奪う暴力だ」と主張なさいました。この学会員は、企画チームとこの問題をあらかじめ議論してはおらず、企画チームとは関係のないツイッター上の知人の声を借りて本フォーラムを攻撃しました。さらにこの学会員は梨花女子大女性主義学会の構成員とやりとりしたカカオトークの画面をスクリーンショットし、無断で外部に流出までさせ、そのため学会構成員のカカオトークアカウント名とプロフィール写真もそのまま外部に晒されました。同時にこの学会員は、企画チーム内部で問題の用語使用についての検討と議論が終わっていない状態で、梨花女子大女性主義学会のツイッターアカウントに修正文をアップしました。修正文の内容はこの問題についてのこの学会員の個人的な意見であるにもかかわらず、まるで全学会員と企画チームの意見と取られかねないような、誤解を招くものでした。このようにこの学会員は、本連帯セミナーの企画チームメンバーではないにもかかわらず、内部の意思決定過程に強圧的に介入し、混乱ばかりを招きました。

何よりこの学会員は、企画チームにクィアフォビアのレッテルを貼り、不当に非難しました。しかしこの態度は、この学会員が恣意的に企画チームメンバー全員をシスジェンダーヘテロ女性と規定したことに由来します。そしてこの学会員は、既存のジェンダー規定に問題提起するシスジェンダーがジェンダー権力を行使したとして責任を問い、道徳的烙印を押しました。これは企画チームに対する二重の暴力です。さらに「わりあてられた性別」という用語をシスジェンダーが使うことがジェンダークィアの言葉を奪う暴力だという主張は、根拠からして貧弱です。ジェンダークィアたちがセックス（性）もまた社会的、歴史的に構成されたものだと示すために「わりあてられた性別」という用語を作ったのならば、その意図がはっきりするよう、「わりあてられた性別」という用語をむしろ積極的に使用すべきではないでしょうか。言語が思考を構成するのだと考えれば、「わりあてられた性別」という用語が広く用いられるほど「性別は普遍的なもので、社会のあり方とは関係ない」という意識への問題提起も広まるからです。

また非ジェンダークィアが、ジェンダークィアたちの作った用語を使用したという理由だけでクィアフォビアとなるという当該学会員の論理が正しいとするならば、「シスジェンダー」と「パッシング」を誤用し乱用する本人こそマイノリティの言葉を暴力的に奪っている既得権となります。シスジェンダーは本来トランスジェンダーのジェンダー的位置を説明するために考案された用語であるにもかかわらず、この学会員は企画チームを非難するための手段として、本来の文脈から外して「シスジェンダー」という用語を使用しました。この学会員の論理で言えば、この過程で自らがトランスジェンダリズム運動家たちの言葉を奪っていることになります。当時の「トリガーを憂慮するなら『男性パッシング』の参加者のほうが望ましくないのでは？」というこの学会員の発言も、人種差別的であり性差別的でさえあります。ブラックパワー運動が考案した「パッシング」という用語を乱発、誤用したばかりか「男性イメージ」を任意に想定し女性性と男性性についてジェンダー二分法を強化しているためです。

これ以外にもこの学会員は被害者たちにまでクィアフォビアというレッテルを貼り、問題の状況を責任転嫁しました。特に、この学会員は被害者の方々が企画チーム側に要請した参加者制限処置について、「これはとても暴力的で利己的な言葉かもしれませんが、私は被害者の方々が被害を受けたからといって、他の方面で抑圧の加害者となり得ないとは思わないんです」と発言しました。そもそも被害者が他の方面で抑圧の加害者だった事実がないにもかかわらず、被害者に責任を押しつけるこの学会員の行為はさらに暴力的です。それればかりかこの学会員は被害者の要求がどんな脈絡から出てきたかについても、完全には納得していません。このような当該学会員の態度は女性嫌悪的であり、女性排除的であることはもちろん、クィアに対する屈従感、対象化、神秘化、過剰な偶像化などが入り混じり、それ自体がクィアフォビアです。

現在企画チームは女性の空間が侵害されるばかりか、女性たちが経験した被害について発言できる空間まで成立し得なかったという経験をしています。基本的に企画チーム側は今回の連帯セミナーを通じて、女子大に侵入した男性たちから女性たちが被った暴力を公論化しようとしました。しかしセミナーが始まる前から企画チーム、パネラー、被害者の方々が当該学会員の攻撃とレッテル貼りに苦しめられ、心的、精神的苦痛を訴えています。特に企画チームは被害者によるトークセッションの主催側として、当該学会員によって被害者の方の安全と身辺保護を最優先することに失敗したこと、被害者の方の発言について信頼性を問題視する誹謗が生まれたこと、企画の現場で被害者の方々への二次加害を事前に防止できなかったことに責任を感じており、被害者の方々に申しわけなく思っています。

そのようなわけで本企画チームは、安全な場での発言という被害者保護の基本原則すら現状では守りがたいと判断し、この連帯セミナー実行を中止することにいたしました。また企画チーム内部で参加者制限処置に関する検討と討論がなされていたにもかかわらず、当該学会員が「わりあてられた性別」という用語について、妥当な批判ではなく憶測から企画チームと梨花女子大女性主義学会メンバーの個人情報を漏洩させるに至った一連の状況もあって、このような決定を下すほかありませんでした。この連帯セミナーに期待を寄せてくださっていた方々と、準備の過程で支援してくださった方々に、連帯セミナー中止について深くお詫び申し上げます。最後に、この過程で苦痛を味わった連帯セミナー企画チームメンバー、被害者の方々、参加者の方々の個人情報流出と二次加害の防止のため、この事件についての憶測やSNS上での歪曲を慎んでいただけますようお願いいたします。ありがとうございました。

「女子大に侵入する男性たちと、『女の敵は女』の真実」セミナー企画チーム

第6章

活動家は生まれるのではない、つくられるのだ

――ヒヨン

「女イカ」、メガリアンになる

そもそも私はオユの女イカ、すなわち「今日のユーモア」ユーザーだった。女性学の授業を受け、自分はフェミニストだと思ってはいたが、正直それ以上に進歩派の政治的テーマに関心があった。女性嫌悪よりも「お月様〔訳注・文在寅大統領のこと。アルファベット表記のMoon Jae-inから〕」が攻撃されることに腹を立て、腐敗した保守政治のために国がめちゃくちゃになりそうな、なんとも言えない悔しさを抱えて生きる「進歩主義者」というアイデンティティが、私という人間を説明するにはより適切だった。そんな私が変わり始めたのは、ある日友人から飛んできた短いメッセージのおかげだ。友人がネット上に面白い場所ができたと言って送ってきたのは、DCインサイドのMERS掲示板のリンクだった。私はなんとなく怖くてすぐには見られず、友人の説明だけ聞いていた。「アタマおかしいけど面白い、フェミなやつら」と友人は言った。翌日恋人にMERS掲示板について説明しながら、「私はその人たちが悪いとは思わない」と何気なく口にしたのだが、後になって「私もやってると誤解されたらどうしよう」としばらく悔やんだりした。

しばらくするとメガリアのサイトが作られ、毎日アクセスしていたオユにはメガリアを罵る投稿が雨後のたけのこのように上がってきた。メガリアは「女イルベ」と呼ばれた。「イルベだって死ぬほど嫌なのに、女イルベまで出てくるとは嘆かわしい」と思いながら、オユのユーザーたちがメガリアを罵るコメントに「いいね」を押しまくり、メダルのマーク（人気コメントの印）をつけさせてやった。それでもメガリアをクリックしてみたのは、好奇心からだ。「いやあ、こんなに罵られるなんて、いったいどんなゲス女どもなんだろ」という。そうしてアクセスしたメガリアはその日、私に新世界を見せてくれた。

「メきまえ」と「ベスト」（メガリアサイトに投稿し、「いいね」をたくさんもらえば「メきまえ〔メガリア＋わきまえ〕」、さらに多くもらえば「ベスト」となり、各掲示板に転載される）になった投稿は、世の中で当然ととらえられていることをミラーリングによってあざ笑い、のども張り裂けんばかりに叫んで抵抗するものだった。「男は軍隊に行くと価値が下がる」と冗談を飛ばす「正直なキツネ」の投稿でゲラゲラ笑わせてくれるかと思えば、ユーザーたちが性暴力被害の経験を語り合い、互いに涙を流してなぐさめ合いもする。そんな空間に、私は出会ったのだ。誰もがゴミだと罵る不潔な場所は、男性中心の家父長的秩序にツバを吐く痛快な投稿で溢れかえり、私を魅了した。まさにその日、その場所で私の女性運動は始まった。毎晩完全に徹夜しながら、メガリアに上がる投稿を読み、自分も投稿し、2カ月ほど夢中になっていた。「大学院生がスマホやパソコンばっかりいじって！」と母からきつい一撃をくらったりもしたが、それでもやめられなかった。当時の私は、自分が知っていた既存の世界から新しい世界へと足を運ぼうとしていたところで、他のことには目が行かなかった。

メガリアンという私のアイデンティティは、当時は誰にも話せない恥でしかなかった。両親にも、恋人にも、友人たちにも、数カ月間パソコンとスマホに張りついて暮らす理由を説明できなかった。何をそんなにスマホばかり見ているんだと怒る母には「私にとってものすごく大事な経験になるんだから、どうか放っておいて」と頼み、どうしてこうも連絡が取れないのと言う恋人には「いつか説明するから待ってて」と弁明した。そして友人たちには「これ、たまたま送られてきたリンクなんだけどさ、ほんと正論だよ」とメガリアベスト掲示板の名文をシェアした。自分がメガリアンだという事実は隠したまま、友人たちもメガリアンになることを期待していた。今でこそ「あんたも私もメガリアン、我ら全員メガリアン」と言えるほど、メガリアは女性嫌悪に立ち向かう象徴的な名前となったが、当時のメガリアは社会的な蔑称そのものだった。メガリアは狂女、ゴミ、女イルベなどとみなされたため、私は他人の前で自らのアイデンティティを消すほかなかった。「オユの女イカ」だった私がなぜメガリアンになり、フェミニストになったのか振り返ってみる。以前の私は、生きていく上での怒りが自分をフェミニズムに導いたことを、他人に話せなかった。「フェミニストになるのはやはり、内面に傷を抱えている人々だ」という先入観を強化させたくなかったし、自分で自分のジェンダー感受性を育てて覚醒したのではなく、与えられた環境の中で生活型フェミニストとして育っていったことが、どうにも自慢できなかった。考えてみるとそうやって変化していくのは普通すぎることなのに、私は「傷を負っていない強靭なフェミニスト」になりたい気持ちから、言葉にすることをためらっていたのだと思う。

私の母は「男は天で、女は地」という言葉を悪気もなく言う人だった。ごはんをよそうときは父、弟の順だし、おいしいものや良いものはみんな弟の取り分だった。私にとって一番大切な存在が、私をさほど大事に思ってくれていないというのは、あまりにも大きな苦痛だった。そんな怒りがねじ曲がった形で表れ、母との関係は私の理想からかけ離れていった。しかしフェミニズムという新しいレンズを手に入れた後、私は変わった。私に加えられていたのは単純な、個人的次元での不遇ではなく、構造的に作られた嫌悪と、それによる差別であることが理解できた。母にも以前とは違うふうに話ができた。ある状況に感情的に反応するのではなく、その構造を説明し、それが不合理であると主張もできた。私の中に言語が生まれたのだ。そうして見ると家庭内での性差別も、むしろフェミニズムを続けるための原動力になったし、そんな状況にいっそ感謝できるほどだ。

フェミニズムは私の人生を変えただけでなく、誰よりも愛し、誰よりも嫌っていた母を変えてくれた。

ある日母は言った。「よくよく考えてみると、あんたの言うことは正しいね。この国の男性はジェンダー意識を高めなくちゃならないし、学校教育を通じてジェンダー感受性を育てていくべきよ」。なんてこった、「うちの母さん」がそんなことを言ったのだ。「男は天で女は地、家に太陽が二つもあっちゃいけないから、女がわきまえなくちゃ」なんて言っていたうちの母さんが、変わった！　大きな仕事は男が得意で、女は大きな仕事を台なしにしがちだと言っていた母が、「業務上女性と男性に能力の差はないのに、女性は職場でずいぶん不平等な状況と偏見にぶつかっている」という話に積極的に同意する人になったのだ。フェミニズムはこうして私を、母を、世界を変えていった。

クソみたいな世界に向けた私たちの言葉、ミラーリング

メガリアでしばらく活動していたころ、天気予報ポカ力（単語辞典参照）支援がもっとも基本的で面白い活動だった。夜12時すぎにポータルサイトNAVERのメインに翌日の天気予報が掲載されると、そのリンクを拡散して火力支援（オンラインでの攻撃に加勢）をする。たくさんの記事がある中でなぜよりによって天気予報なのか、と訝《いぶか》しまれるかもしれないが、理由としては第一に、当時もNAVER天気予報の女性気象キャスターへのセクハラコメントが毎日溢れんばかりについていたためだ。それらを押し出してミラーリングコメントで埋め尽くすことが私たちの目標だった。第二に、天気予報は多くの人に見られるため、メガリアの存在を知らせる窓口として有用だったからだ。実際NAVER記事へのコメントの様子が普段と違い、コメント欄に「メガリア女」を罵る男性たちのコメントが上がっているのを見てメガリアの存在を知り、メガリアンになったという話もかなりあった（タイムライン参照）。

私たちは多様なミラーリングコメントから始め、「コピーノ（韓国男性たちが東南アジアの

女性と恋愛し、子どもができると逃げて来る様を批判するために使う）」「脱毛（女性に加えられてきた容姿コルセットをミラーリングし、男性の容姿を指摘するもので、男性たちが特に敏感な抜け毛のことに集中）」「ワラララ3秒出し（自分たちがどんな錠前でも開ける万能キーででもあるかのように、性的な魅力を誇っている韓国男性が、実際は自分勝手なセックスしかしないことをあざ笑う。単語辞典参照）」「韓男虫」「6・9」などのキーワードで、画用紙のようにまっさらなコメント欄を埋めていった。そうして深夜のうちに一生懸命コメントをつけ、互いのコメントに「いいね」を押していると、朝には天気予報の閲覧数が上がってコメントも大量になり、NAVERのメインページを飾ることになる。ポカ支援をしてみると、予想もしなかった互いの才知で楽しませられるが、ある種の義務感がともなう活動なので楽なばかりではない。ときどきコメントを通じて女性嫌悪者たちと深夜のリレーキーボードバトルを繰り広げることもあるし、「よろしくないコメントをたくさん書いた」とNAVERアカウントを停止されることもあった。深夜になるといつもメガリアサイトには複数の天気予報リンクが上がってきた。「大切な活動だからふざけずに、義務として火力支援を！」という激励の投稿とともに……。

当時も女性が罵倒のコメントを、特に男性を嘲笑し貶めるコメントを書くなんて想像もできない人々は、メガリアンが女性ではなく、ジェンダーによる分断を助長せんとする男性だと信じていた。ある意味天気予報火力支援は毎日が勝利の連続だった。私たちは存在そのものが衝撃で、存在そのものが勝利だったから。通勤前に天気予報をクリックし、女性キャスターへのセクハラコメントの代わりに男性性を戯画化するミラーリングコメントを読んで1日を始める「一部」韓国人男性たちのことを考えながら、満たされた気持ちでベッドに入った。

ある者はメガリアンのミラーリング戦略が既存の家父長制秩序に実質的な影響を及ぼすことはできず、嫌悪ばかり再生産させていると評していた。もちろんミラーリングはすべての女性嫌悪を一発で始末できる根本的な解決策にはならない。しかし家父長制に立ち向かうための道具の一つとして、「女性嫌悪と性差別はこうも深刻だ」と効果的に伝えることができる。嫌悪の再生産という側面で見ると、テキストを使用したミラーリングはそれこそ穏健な運動方式だと私は考える。私たちのミラーリングはデートDVと性暴力、レイプ、夫からの暴力、職場での性差別などが繰り広げられる状況で女と男の関係をひっくり返し、男性たちに同じことをしてやろうというものではない。ミラーリングはまさにテキストの次元で実存しない現実を描き出すだけだ。ミラーリングが嫌悪を再生産すると非難するが、その嫌悪は変化のための必然的副産物だ。

女性が家父長制に向かって叫んでいる嫌悪発言は、その女性にカタルシスを抱かせてくれる。私はこれだけでもミラーリングには相当な意味があると思う。女性として一生涯当然のように甘受させられる「女らしい気づかい」「善良な女」コンプレックス、「わきまえ女」フレームなどに縛り付けられていた者たちが、このクソみたいな世界に一矢報いる最初の一歩がミラーリングなのだ。自分自身の力を奪ってきた数多くの女性嫌悪を解析しなおし、ミラーリングとして再び吐き出す行為は、女性たちに世界を見る目を変えさせ、自分の社会的な位置を自分でとらえ直させてくれる。強者の言語である嫌悪表現を口にできる私、そうしてもよい私、女性嫌悪的な道徳フレームをぶち壊す私、無力ではない私というものを、女性たちはミラーリングを通じて初めて経験するのだ。

メガリアの誕生と変化、ミラーリング戦術などなどを指して「明らかに限界がある」と言いたい人々も多いことだろう。そのとおり。本当に多くの限界が存在する。しかしそれは文字どおり「限界」であって「問題」ではない。メガリアは誰かが計画的に組織したネットワークではなく、ラクダの咳（中東で始まったMERSという疾病がMERS掲示板を生んだことを隠喩的に表現）から始まった動きで、それ自体に意味がある。メガリアとミラーリングの限界は、それが生み出す意味の文脈で議論されなければならない。ミラーリングをオンラインフェミニズムの波の限界の証としてはならない。限界を超えてその次へと渡ってゆく橋としなければ……。

ソラネットを知った以上、それ以前には戻れなかった

今でこそメガリアと関連した記事や論文、本がたくさん出て、メガリアの主張してきたことがまともに聞かれるようになったが、2015年秋はまったくそんな状況ではなかった。メガリアの声に誰も関心を持たず、人々はただオンライン空間の女イルベ、社会の病理の一種程度にしか見ていなかった。そのためメガリアは社会的なスピーカーを切実に求めた。メガリアというサイトは重要だが、そこを抜け出した別の空間にもメガリアの声を届ける必要があったのだ。

ある日メガリアンの一人がソラネットのリンクを持ってきた。「ソラネットの兄貴たち」がどうこうと言っている男性たちのせいで名前だけは知っていたその場所で、ありとあら

ゆる深刻なオンライン性暴力と性売買が起こっているという知らせだった。メガリアンたちは列をなすリンクを踏んで入っては、驚いて出てきた。大部分がこんな露骨なポルノサイトを見るのが初めてだったからだ。初めは怖くてリンクをクリックすることも、会員登録するつもりにもなれなかったメガリアンたちだが、徐々に情報を共有し不法行為を告発し始めた。女たちに薬を飲ませ、女の性器に刃物や櫛、焼酎瓶を挿し、写真を撮って上げるなどの衝撃的な実態が告発された。ソラネットが話題になった数日間、全メガリアンたちはパニック状態だったと記憶している。それも当然だった。女性たちに知られていない男性たちだけの空間で、これ以上深刻になり得ないほどの女性への暴力が繰り広げられていることにも驚いたが、さらに私たちを驚かせたのは、15年間というもの誰もソラネットを公の場で告発しなかったという事実だった。ソラネットを知った以上、私たちはそれ以前には戻れなかった。

ソラネット閉鎖のため多くのメガリアンたちが多方面で、ともに動いていった。児童ポルノが上がっているソラネットをFBIに通報する方法をシェアし、ソラネット閉鎖請願署名を集め、女性コミュニティとSNSで広告し、ソラネットサーバー情報を調べ、プロジェクトチームを作って活動を繰り広げた。そしてこれらすべての活動がつながり、ソラネット閉鎖請願署名が8万筆に届くころ、チン・ソンミ議員が国会の行政安全委員会でカン・シンミョン警察庁長官にソラネット閉鎖を約束させた。その日はメガリアンたちにとって祝祭の日だった。私たちの声が初めて公的な空間に伝わり、通ったのだから。それも非常に重要な事案で勝利するという快挙だった。

それで終わりではなかった。その日からメガリアンたちはチン・ソンミ議員が具体的なソラネット閉鎖活動をできるようにと、個人献金を始めた。この小さなサイトから、二日間で1000万ウォンを超える後援金が送られた。掲示板は送金の証拠写真でいっぱいになっていた。高校生が1万ウォンしか出せなかったと恥ずかしがればみんなで「それでもえらい！」とフォローし、数十万ウォンを送ったという社会人には「いいね」の嵐。高校生、主婦、大学生、社会人と立場はさまざまだが、みんなソラネット閉鎖を切実に願うメガリアンたちだった。

メガリアでは特定のプロジェクトを行うたびに「プロジェクトチーム」が組まれ、チームの「総代表」を務める人を選任するというルールがあった。ソラネット閉鎖のため、何人かのメガリアンたちがさまざまな方法を見つけて動く過程で、プロジェクトチームが組まれるのも当然の流れだった。ソラネット閉鎖プロジェクトチームでは最大で30名ほどのメガリアンたちが活動をともにしたが、互いの個人情報の扱いには非常に神経を使うため、カカオトークルームやNAVERが提供しているバンド（Band）のトークルームで活動名を決めて連絡し合った。

昼と夜で活動をバトンタッチしながら、ソラネットを24時間モニタリングするチーム、公論化のためのコンテンツを制作するチーム、SNSアカウントを管理するチームなど、さまざまに役割分担をして有機的に動いていた。しかし女性に対してあまりにも暴力的なソラネットを直接モニタリングしたり、モニタリングで得たデータを加工する作業には、多くの精神的エネルギーと労力が必要だった。チームメンバーたちはしょっちゅう入れ替わり、人員は常に不足し、前回会ったメンバーに今回会えないケースも数え切れなかった。そんな困難を抱えながらも2015年秋から冬にかけて一緒に努力したメガリアンたちがいたからこそ、ソラネットの公論化を成功させることができ、ソラネット閉鎖にまで持ち込むことができたのだ。始めた当初は誰も成功すると予想できなかったが、私たちはやりとげたし、それがうれしかった。

毎日のキーボードバトル、それでも?

解放区だったメガリアの「分裂」は、通称「糞穴虫事件」によって起こった。「糞穴虫事件」は「天下一わきまえ女大会」開催の過程で投稿されたある文章から始まった。相手がゲイと知らずに結婚し、苦痛を味わっている女性の経験を載せたこの投稿は、多くのユーザーの注目を集めた。メガリアンたちはゲイの「韓男」的な特性を指摘し、ゲイによる女性嫌悪についても論じた。そのうちイルベでゲイを貶める言葉として使われている「糞穴虫」という言葉を、メガリアで使用してよいものかと大きく意見が割れるようになった。メガリアのサイト運営陣は「クィア嫌悪的単語使用には反対する」と公示し、メガリアンたちは「運営陣は運営陣でしかなく、メガリアの方向性を定めることはできない」と反発した。このとき多くのメガリアンたちはメガリアサイトに残るべきか他のサイトに移るべきかと夜を徹して議論し、二、三の臨時オンラインカフェを作った。国内ポータルサイトのカフェは入会の際に個人情報を要求することもあり、「ウボッキ（第1章参照）」事件を経験したメガリアンたちにとって緑の大地・メガリアを去るのは容易な決断ではなかった。しかし、かといってそこに残ることもまた容認できない。結局ポータルサイトDaumのオンラインカフェ「メガリア避難所」へ移ることになった。さらにはそのころ、メガリアのサイト情報をコピーし、個人情報へのアクセスが可能な「セーブ・メガリア」というウェブページが作られ、メガリアンたちの個人情報が危機に晒された。またそのころからメガリアのサイトが管理されず、サイト内で大小さまざまなエラーが頻発していた。このような問題が重なって、メガリアのサイトは事実上運営中断となってしまった（タイムライン参照）。

当時フェイスブックは「ブルーイルベ」〔訳注・青いイルベ。青はフェイスブックのテーマ色で、中身がイルベと変わらないという意味。単語辞典参照〕と呼ばれている状態だった。実際のイルベ会員が主軸となって作った「キムチ女ページ」はフォロワーが17万人に達し、女性嫌悪の温床になるほど深刻で、「スパイダーマン」や「バットマン」「ソンイェブン」「メガリア狙撃手」など、大規模なフォロワー数を誇る女性嫌悪ページで女性嫌悪創作物がはびこっていた。そんな状況の中、「フェイスブック浄化団」という名で集まったグループが、七人のメンバーで活動を始めた。フェイスブック浄化団は女性嫌悪発言が投稿されたり、フェミサイドが行われているページを発見すると、リンクを上げて他のメンバーと一緒にキーボードバトルをした。しかし女性嫌悪者たちは浄化団と比べものにならない火力を誇っており、大部分の論戦が「女性嫌悪者20名対フェイスブック浄化団2名」の構図で繰り広げられ、浄化団は女性嫌悪コメントに埋めつくされ袋叩きに遭うのがしょっちゅうだった。浄化団は「このままではいけない」とフェイスブックのMERS掲示板保管所とメガリアページを回って同志を募った。積極的にコメントしてくれる者に「仲間になってくれ」という説得のメッセージを送り、秘密のフェミニストグループを増やしていった。こんなグループのメンバーが一人、二人と増えてゆき、キーボード戦力が上がり、火力も強まり、キーボードバトルに勝利する回数が増えていった。女性嫌悪者の「メガリアンどもが占領したな」「フェミナチどもがでしゃばりやがる」などのコメントは、私たちの戦意を高めるスパイスだった。こうしてメガリアを去ったメガリアンたちは、女性嫌悪投稿を批判しながらコメント勢力図を塗り替えたり、投稿そのものを削除させる活動を続けていった。この世に無数の「不平のプロ」と「フェミナチ」どもがいるということを見せてやり、人々の認識を変えていった。

メガリア「分裂」以降、私はフェイスブックでソラネット問題を知らせる活動を続け、フェミニズムを扱うページやフェミニストグループの運営もした。毎日キーボードバトルをしてすごした。本当に食べるとき以外はキーボードバトルばかりしていた。しかしオンラインフェミニズムによって現実を変える影響力を持つには限界がある、という考えに至った。私は悩み抜いて、他のアイデアを探し始めた。

他のアイデアを探しながら、初めはオンライン空間で何かを始めてみようとした。フェミニズムをテーマに討論できる空間や、オンラインセミナーを通じて「ポストメガリア」時代を始めたい欲求があった。メガリアが作り出した波をどうやって、さらに成功させながら発展させていくことができるか、メガリアンたちがこの先進んでゆく方向をどうやって整理していけるかと、毎日悩んでいた。しかし運動というものをオンライン空間でやってみるのは非常に難しく、これまで存在しなかった特別なオンラインプラットフォームを構築したり、実際に人を集めて活動していくのは大変な努力のいることだった。またフェイスブックという非対面的なオンライン空間の特性上、スタンスの差や沈黙によって生じる仲間割れも運動の足を引っ張る大きな要因だった。

数カ月試しては悩みながら、結局答えはオフライン運動にあるという結論に至った。オンライン空間での運動は、そこにアクセスできる人々しか変えることができないが、現実社会での運動はすべての人に届けられると考えたからだ。こうして私はオフラインで活動を始めることになり、数回の試行錯誤と困難の末に、多くの人々と一緒に団体を作って活動している。

運動は運動として残ってこそ強い

「行くか、やめるか」

ひとしきり悩んで足を踏み出した夕方7時。9時のバスのチケットを切って座席に着くと、ようやく恐れが消え去った。東海《トンヘ》行きのチケットを手に握っていても何ともない。女性運動家として、今の自分の生き方について考えてみようと出発した旅行なのだが、どういうわけか何の考えも浮かばなかった。しまいには諦めてしまった。私は今、考えることにうんざりしているようだ。

ロシア人がたくさん泊まっていたゲストハウスでは、なぜか悔しい夢を見た。みんなで同じ場所で仕事をしているはずなのに、仲間たちと違って私だけが職員として認めてもらえず、誰にも私の存在が見えていないという、悲しくて悔しい夢。半年間月給もまともに受け取れず、評価もされないまま働かされてばかりいて、とうとう団体を辞めた日。私は自分が働いていた建物のある坂道を上るのではなく、転げ落ちていきたい気分だった。ゴロゴロと。夢を見なくなって数ヵ月くらいになるのに、今ここでこんな悔しくて悲しい夢を見るなんて。果たして旅行した甲斐があったというものだ。胸の中の深いところに隠されていた私の無意識は、オフラインでヤング・ヤング・フェミニスト［訳注・90年代に登場した「ヤング・フェミニスト」に対し、さらに若い世代のフェミニストを指す］として活動していた半年間という時間を、お金も取れず大した評価もされずにいた時間と感じていたのだろうか。まあ、まるっきり間違いでもないだろう。認めたくない気持ちを見破られたようで苦々しかった。現実的な生活状況を無視しながら、いい暮らしをしていると思い込んで自分をなぐさめないことには耐えられない日々だった。それが27歳のある休日、一人で東海のカフェでしんみりしていた理由でもあった。

あるべき姿、望ましい姿から逸脱した人生が、困難でないわけがない。一人一人に近寄って見ればそうでもないかもしれないが、大部分の人は大学を出て就職し、安定的にお金を貯めて結婚するという経路をたどるように思われる。彼らのうち私だけが「普通に」生きられないのではという悩みが、一時私を苦しめた。フェミニズムを勉強し、女性への暴力について調べている間に、私の人生はあらゆる軌道を外れ、世間から遠ざかっているのではないか。永遠に「普通の生き方」に戻れないのではないかと怖くなった。周囲に助言を求めてみたが、誰も答えてくれなかった。現実世界の常識から外れ、無理な姿勢でやり過ごしていれば、どこかにヒビが入るものだ。そのヒビの中をさまよった時間が思いだされる。その時間をムダにせず、こつこつと積み重ねて私だけの原則を再び作り上げるまでに、多くの文章を読み、助言を得なくてはならなかった。

簡単な道のりではなかった。

大小さまざまな一連の事件を通して、私はようやく「運動」とは何かを知った気がする。運動はそれこそ「よいこと」をするのとは次元の違う何かだ。公的な目的のためにものを売って多少の寄付をしたり、趣味でよいことをしたり、お互いのためになることをしたり、そういうものではなかった。ひたすら自分が考えている正しさ、正義のために人生を投げ出し、みんなから間違っていると言われようと自分の基準を立てて進んでゆく、崇高な力だった。世界を変えたいという気持ちをどこまでもつなげて作り上げてゆく道だった。だから運動は運動として残ることでもっとも強くなる。多少妥協すればもっと早く進んでいけそうだが、決してそうではない。運動において、どんな専門知識よりも重要なのは信念だということに、私はようやく気づいたのだ。

「活動家はどうしていつも貧しくなきゃいけないんだろう。そんな固定観念にうんざり」という言葉を何度も聞いた。そのとおり。活動家や運動家が貧乏である必要はない。ただし運動によってたくさん稼ぐことはできない。世の中に亀裂を生じさせるため、世の中の常識から外れて立っている者が、たくさん金を稼げる可能性はそう高くない。活動でたっぷり稼げるとしたら、すでに世の中が変わったということではないか。まだ「ひよっこ活動家」だけに、気づいたことといえばようやくこの程度だが、ここまで説明できるようになるのも決して容易ではなかった。涙を流し鼻水たらして、ようやくここまで理解できるようになったのだ。

私が女性主義活動家としてのアイデンティティを持ち、団体活動をするようになるとは夢にも思っていなかった2年前の秋。メガリアでソラネットについて知り、あまりの怒りに友人に話した記憶がよみがえる。友人は言った。「海外サーバーだっていうし、努力したところであまり効果ないんじゃない？　どの道そういうのはなくならないよ」と。私は必死でソラネット閉鎖のための情報を探し、投稿し、人と会い、夜を徹して活動した。他の人々に励まされ、ソラネット公論化に成功し、ついには閉鎖させた。そのとき私は意気揚々と友人に言った。「あんたは無理だと言ったけど、私たちはやりとげたよ」と。その瞬間を記憶し、私はこの方向で進み続けてみようと思う。「騙されない者はさまよう」と言う。私の人生をめちゃくちゃにしてくれた私の救い主、フェミニズムの手を取りながら、この世の、そして現実世界の常識に騙されず、この先もさまようことだろう。世の中を変えたいという思いをどこまでもつなげ、努力して、新しい道を作るのだ。その道が私の道であることを、今は疑わない。

第7章

フェミニストの液体的連帯を夢見る

——チョン・ナラ

一つの問いから始まった変化

女性主義者としてくくられることに違和感を覚えたり、怖がったり、嫌だと思うまいと決めた日のことを覚えている。MERS事件が起こる少し前、友人と古い映画を観たある午後のことだった。映画には金持ちの男と、彼が好意を寄せる女が登場するのだが、問題の場面は男の伝言を預かった者が、誤って女にホテルに来るよう伝えたところだった。手違いを詫びる男に、女は「私はそんな女じゃありません」と言い、男は「あなたをそんなふうに扱ってしまって申しわけない」と言った。

不愉快だった。普段なら我慢してやり過ごすところだが、気のおけない友人と一緒だったからだろうか、はっきりと一言吐いてしまった。「この世に『そんな』人なんていないだろうが」。友人はしばらく黙っていたが、ショックを受けたような声で答えた。「うわ、ほんとだ。そうだよ、あんたの言うとおりだよ」。友人の言葉を聞いて、世の中が少し違って見え始めた。他人に性差別問題を話した効果を初めて感じた。問題を指摘すれば、それを理解してくれる者がいるかもしれない、という可能性を感じることができた。私はコメントを書こうと決めた。

　メガリアが登場するまで、私はオンラインでコメントを書いたことがなかった。オンラインでは個人的な日記を書いたりブログで音楽を紹介する程度で、コメントを書くなんて無意味なことだと考えていたから。一人では多くの悪質な女性嫌悪コメントを倒すことはできないし、インターネットはもともとそういうところだという冷笑的な考えもあった。痕跡を残すのも嫌だった。男性たちの嫌悪発言と低俗さを避け、私は女性向けサイト「ウェバンコミュニティ（略称ウェコ）」に入会した。そこではコルセットを締めた女性たちが、ネイルや化粧、ファッションについて悩み、聖女と娼婦の二分論に苦しめられながら性売買女性を他者として扱う文章をたくさん投稿していたが、私はコメントをつけなかった。不当だと感じたが、私が関与できることでもないし、一人で解決できることでもないと考えたからだ。

　メガリア登場のいきさつについて、「DCインサイド」の「男性芸能人掲示板」ユーザーたちを起源と考える人々が多い。しかしその他さまざまな女性向けコミュニティと個人の積極的な参与もまた、大きな役割を担っていた。当時「女性時代カフェ」というコミュニティだけでなく、女性向けの非公開コミュニティ、そして中堅の女性向けコミュニティであるウェコも、メガリアの始まりに大きな影響を及ぼした。

初めてDCインサイドのMERS掲示板で「MERSウイルスを国内に最初に持ち込んだのは女性だ」という噂が流れたとき、やはり「キムチ女ども」「遠征娼婦ども」「男たちが稼いだ金でショッピングして回る味噌女ども」という多くの悪質なコメントがついた（タイムライン参照）。しかしウイルスを持ち込んだのが男性だと報道されるなり、コメントの雰囲気は一変する。「男性がどれだけ頑張って会社で仕事をし外国出張に行っているか……」と理解と同情を示すコメントが溢れた。各種女性コミュニティとウェコでこれを見守っていた女性たちは、女性嫌悪コメントがもはや我慢できるレベルではないと、強力な解決策の必要性を主張し始めた。男性たちのコメントがどれほど低劣か、今すぐ世間に見せてやらなければと。女性たちはコミュニティ内部で「コメントを通じて男性たちの投稿の主語だけを変えて上げてみよう」と話し合い、各コミュニティ別にMERS掲示板へ火力支援をし、掲示板を占領した。男性たちはそんな女性たちの対応を見て、二種類の反応を見せた。一つは「すべての男性がこうではないのだから、嫌悪に『嫌悪』で対応してはいけない」「ひどすぎるんじゃないか」という不満だ。もう一つは「コメントでミラーリングしている者たちは女性ではなく男性だ」という反応だった。男性たちは、女性が罵倒したり厳しい言葉を吐いたりするわけがない、という固定観念に縛られていたのだ。

以降女性たちはMERS掲示板の占領にとどまらず、独立したサイト開設について話し合い始めた。各種コミュニティの運営者主導ではなく、ユーザーが直接つながって話し合った。当時多くのウェコユーザーたちは、メガリアサイト開設のための募金プロジェクトを通じてグッズを買うなど積極的な支援を惜しまなかった(タイムライン参照)。その過程で私は、数年間女性嫌悪発言と文化に無理に耐え、目をそらし、苦しんできた女性たちが怒る姿を見ることができた。メガリアが作られてゆく当時、積極的に意見を表明し参与した数多くの女性たちを見て、なんとも形容しがたい熱いものを感じた記憶は、今でも鮮明だ。

韓国でオンライン空間が広がってゆくと、男性たち特有の低劣なオンライン文化もまた広がっていった。多くの男性向けコミュニティでは女性と女性器に関する嫌悪発言と、女性有名人に対するセクハラ的、侮辱的、暴力的な言及が常にされており、今この瞬間にも、趣味や遊びとしての、そして男性性を堅固にする手段としての女性嫌悪という暴力がはびこっている。性暴力に関することを面白おかしく投稿し、性暴力を加えた感想まで投稿する。女性たちはソラネットとイルベに限らず、あらゆる男性コミュニティでの女性嫌悪と低劣さを告発した。女性たちは「マンコに電球入れて割る前に」という言葉を「肛門に電球入れて割る前に」「えらそうなマンコ様」を「えらそうなチンコ様」に変えて使い始め、これは原本をそのまま鏡に映して見せるやり方という意味でミラーリングと呼ばれた。メガリアを支持する女性たちは、男性たちが女性の裸をセクハラコメントつきで投稿するのをミラーリングして、男性の裸と一緒にその評価を投稿した。しかし男性たちの罵詈雑言と女性嫌悪的な言葉をミラーリングする方法は、男性たちだけでなく女性たちからも多くの反感を買った。一部の人々はそれが非道徳的だと評価した。「正しいフェミニズム」と「道徳的フェミニズム」があると考える人々は、メガリアのフェミニズムに対して話すことも不愉快だし聞きたくもないとし、メガリアンに「悪い女」「言葉のきつい女」というレッテルを貼った。学校でも同じだった。フェミニズムとメガリアについて話すのは、人間関係を諦めるのと同じということになり、結局私は長い間つき合ってきた友人たちから遠ざかったり、関係が切れるのを諦めるほかなかった。

匿名の個人として発言し、連帯する

オフラインで口を塞がれた後、私はフェイスブックアカウントを作った。フォロワーや「友達」の数が多くなるほど主張が拡散されやすいフェイスブックの特性上、当時はフォロワーの多い巨大アカウントの投稿を中心に、フェミニズムの議論が形成されていた。賃金格差問題、女性嫌悪に対する嫌悪としてのメガリアの本質、味噌女とキムチ女という存在の虚像、ソラネット閉鎖、隠しカメラの問題、割り勘とデートDVなどについての議論など、現実社会で女性たちが直面したさまざまな女性差別と女性嫌悪についてのテーマが活発に議論された。フェイスブック利用初期には「私と同じ考えの人たちがこんなにいるんだ」と満たされることがかなり多く、楽しい時間もあった。

フェイスブックは実名で運営されており、規模の小さいアカウントを持っていた私は二つのことを決心した。一つ目としては、どこにも所属せず、人々と距離を置かなくてはならないということだった。距離を取らずにいた場合、人間関係のために正しいと思う意見を表明しづらくなることもあろうと考えた。二つ目は、オフラインで活動しないということだった。これはオフラインでの私の経験に基づいたものだ。フェミニズムを主張して友人を失い、人間関係を諦めた経験を繰り返したくはないし、フェミナチだクソフェミだと烙印を押しレッテルを貼り、検閲する者たちから自分の身を守りたかった。この原則を守りながら、私はメガリアが登場してから今までずっと女性嫌悪投稿を通報し、悪質なコメントに反論し、フェミニズムをテーマに議論が起これば自分も投稿するという方式で、フェミニズム運動を二年間続けている。その間フェイスブックアカウントを二度移すことになった。

最初のアカウントへの愛着はかなり強かった。オンラインで初めて自分の声をあげたからでもあり、それに共感してくれるいい方々とたくさん出会えたからでもある。しかしフェイスブックの特性上、固定された名前が存在するという点で、オフラインで会わずにいても、一定の時間が経つと自由な議論がしづらくなるのを感じた。当時は多くの女性たちがフェミニズムについて話そうとフェイスブックに集まり、議論を始めたばかりだった。互いに意見が割れるたびにものすごい衝突が起こった。韓国男性たちの女性嫌悪を告発する場で夜を徹して争う一方、フェミ同士の衝突でも数日徹夜で争うことがあった。どちらも相当な苦痛だった。前者では多くのクソリプに苦しめられたり、告訴されたりセクハラ発言の対象となったり、個人情報が知られて男性たちによって剝製（ある内容が写真にとられたり文章で再現され、多くの者たちがアクセスできる空間や、他のサイトに掲示されること）にされ、職場を追われる恐れまで出るほどで、これはひたすら一人で耐えるしかない苦痛だった。後者の苦痛は前者と同じではなかったが、多くの人々と衝突し関係が壊れることによる精神的な苦痛だった。フェイスブックでつながった友達のために、意見の表明や批判ができなくなることがしょっちゅう起こり、私は最初のアカウントを捨てた。

二つ目のアカウントでも同じことが繰り返されると、私はまたアカウントを捨てた。

三つ目のアカウントはもっぱら自分が言いたいことを言うために作ったものだった。アカウントを作りながら、私は徹底してフェミニズムに関することだけを言うのだと周辺にもはっきりと表明し、親睦から距離を置いた。そのために徹底して孤立したアカウントを持つことになったが、いつでも望むことを話し、批判することができ、ときには同じ考えの者たちと連帯もできるアカウントになった。

私は自分の経験をもとにこのような結論に達したのだが、これはメガリアとウォーマドが徹底してきた規則でもあった。親睦を厳しく禁じ、利用者すべてが匿名を使うようにしたのは卓越した選択だった。全員が匿名の場所なら、誰がどんな投稿をしても完全な第三者として批判し接することができ、特定組織の所属もなく、自分が持っている個人的、社会的立場を守ることもない。個人として自由に互いを批判することができたことは、フェミニズムを発展させる強力な力になったと思っている。

交差性？　交差性！

最近になってフェイスブックにはフェミニズムの議論とテーマを発展させ、女性に抑圧的な社会構造を変えようとする人々が増えており、特定のテーマに集中して声をあげようとする人々もまた増えている。しかしセクシュアル・マイノリティ文化での女性嫌悪を批判する意見は封じられてきて、そんな意見を出して攻撃されてきた多くの人たちはアカウントを削除したり、フェミニズムについてこれ以上話さないとの宣言とともにオンラインを去りもした。韓国男性の女性嫌悪を繰り返し告発し戦う過程で辛くなって去っていく者たちもいた。私も同じ気持ちだったときがあるので、彼らの決断は理解できる。しかし私は活動をやめるよりも、二つの原則のうちの二番目、徹底してオンラインに残ってやるという原則を捨て、オフラインへ出ていくことで活動を続けてゆこうと考えた。そう決断したのはいくつかの経験があったからだ。

フェミニズムが韓国で再燃し始めてせいぜい二年にしかならないが、その間「第二波フェミニズム」を「すでに下火」とみなし、攻撃するバックラッシュが流行していた（フェミニズムの波を正確な時期に分けるのは難しいが、第一波は普通、女性参政権運動から始まり、女性の権利を勝ち取るための最初の運動を言い、第二波は「女性従属、男性支配」の家父長制解体を主なテーマとする巨大な流れを指す。もちろん一つの波が単一の声だけで構成されているわけではなく、数多くの人々が多様な声を出していたため、「第二波とは何か」と規定するのが難しい）。フェミニズムに対するバックラッシュと、再び台頭するフェミニズムの波など、状況は非常に複合的で、当然ながらフェイスブックでは多くの事件が起きていた。一つ目は障がい者男性による性暴力被害事実を書いたフェミニストが障がい者嫌悪として攻撃された事件であり、二つ目はあるジェンダークィアによる多くのセクハラ発言公論化を支援したレズビアン、ジェンダークィアを含む人々が、セクシュアル・マイノリティ嫌悪者やクィアフォビアとして攻撃された事件だった。二つ目の事件はさまざまな形で波及していったのだが、「セクシュアル・マイノリティ」としてゲイ男性とひとくくりにされることに抗議し、男性セクシュアル・マイノリティたちの女性嫌悪的文化を批判するクィアとレズビアンたちが、「ホモフォビア」や「セクシュアル・マイノリティ嫌悪」と非難を浴びたり、「シヘ女（シスジェンダーヘテロ女性）」として軽い「パッシング」（第5章参照）を受けた。これはゲイ男性たちの女性嫌悪を指摘すればホモフォビアとして攻撃される、という代表的な例としてあげることができる。

「交差性」は女性抑圧の重層的構造を分析するために使う用語として、多層的な女性抑圧をあらわにすることだ。例をあげると白人女性と黒人男性はそれぞれ女性と黒人という点でマイノリティであるが、同じ差別を経験しているわけではない。フェミニズムの中で交差性を問うということは白人女性に加えられる抑圧と黒人女性に加えられる抑圧の差を多角的に分析することだ。しかしこれを男性にまで拡大して適用し、白人女性と黒人男性の「交差性」を比較することになると、多様で多層的な差別を一元化し、結局は権力の作動方式と過程、そして各種の社会的マイノリティたちが置かれる脈絡を一元化させることになる。したがって女性と男性の交差性を問うと、現実的でない議論を呼び起こしがちだ。例をあげると障がい者男性による非障がい者女性への性暴力事件で、非障がい者女性たちは性暴力被害者の立場だ。障がい者男性たちが「健常」の範疇から排除されるマイノリティ性を持つとしても、ジェンダーの側面で彼らは女性が自慰を手伝う「ホワイトハンズ」というサービスを受ける、ジェンダー権力を持つ立場だ。女性が障がい者ではないという点で障がい者男性よりも社会的に有利な位置にいるとも言えるが、女性が男性に従属させられているジェンダーヒエラルキーで見るときは、明らかに社会的弱者である。しかしこのような性暴力事件で女性たちが非障がい者であるために、障がい者男性よりも権力者であると強調されるならば、現実とかけ離れた形で交差性という用語を使用していることになる。それだけでなく、ある者は交差性自体がブラックフェミニズムで生まれた言葉だという点をあげ、「白人女性たちが自分の性差別に対して抵抗することは『白人中心的』だ」と批判し、白人女性の口を塞ごうとする。交差性をこのように誤用することは、社会的弱者である女性を逆に強者に仕立て上げることであり、それ自体が女性嫌悪的だ。女性が自分の位置から女性嫌悪に抵抗する方法が、誰かを強者にする戦略として利用されたり、男性との「交差性」として分析され、それぞれ違う差別を受けているのに一元化されるようなことがあってはならない。

このように交差性は、女性が置かれた交差的抑圧を探るものでなければならない。しかし違うやり方で交差性を使用する者たちに「交差性の誤用」だと反論し、意見表明した人たちは「障がい者嫌悪者」などのレッテルを貼られ追いやられた。一連の状況に接しながら、私はオンラインだけで運動することについて考えなおした。メガリア登場に最大の影響を与えた第二波フェミニズムに関する議論が、このまま埋もれてしまうかもしれない、という考えがよぎった。これを防ぐためにはオフラインへ出なければ。女性たちはいまだ基本権のために戦っている状態だ。政府、省庁は女性を「妊娠可能な一つの子宮」程度に見ており、女性関連政策は大部分が妊娠と関連したもので、それすら核心からずれている。実際に女性たちの生活の質に関わる賃金格差問題や妊娠中断合法化、社内セクハラ、就職における差別、昇進に関する問題などは後回しにされている状態だ〔訳注・韓国ではその後2019年4月に刑法「堕胎罪」違憲判決が出て、2021年1月に同罪条文が無効となった〕。現実の議題は消えてしまい、現実を見ようとする女性たちの議論は「下火になった」とみなされていることからも、この間フェミニズムの理論と活動がいかに分離されてきたかと思い知らされる。だから私はオンラインと現実の活動をつなぐ地点が切実に必要だと感じ、これを作ろうとした。

オンラインとオフラインの浮標

オンラインの強みは多くの、あらゆる立場の女性たちが集まれることだ。ほとんど「平らな」場所で議論できるし、素早い組織化を通じてコメント火力支援や署名運動を効果的に行うこともできる。しかし意見が鋭く対立する場合、オンラインでやりとりする文章では限界がある。非常に多くの言葉が交わされても、文体や語調による誤解がすぐには解かれずに積み重なり、論戦そのものが不可能な場合も多い。またオンラインでの議論は「いいね」の数と「シェア」の数で結果が判断される点で、元の投稿が単に修辞学的によい文章なのか、内容がよいのか、はっきりしない。

私は現在フェミニストたちのトークルームで情報を得て勉強し、さまざまな女性向けコミュニティで女性嫌悪についての問題意識を喚起させ、批判している。現在属しているトークルームにはオンラインフェミニズムの活動領域を広くとらえ、フェイスブックだけでなく、あらゆる女性コミュニティやブログで活動を続け、「ゆるやかな連帯」を追求する個人たちがいる。このようなトークルームは数名程度の小さな集まりで成り立っている。

これは既存の運動圏が言う「団体」とは違い、独立的、個別的に動いている。もちろん女性運動圏で提起される問題に力を貸すこともある。しかし既存の女性主義運動は女性主義以外の集団とも連帯しているため、女性の人権にだけ集中することが事実上難しく、連帯という名において他の連帯の下位団体として編入されている状況だ。

そんな中でこのトークルームは、女性の人権だけを叫ぶ空間が必要だという判断から作られた極めて流動的な組織だ。ここでは参加者たちが特定の者の指示に従うのではなく、各自が議論と討論のテーマを提案し、何か事件が起こるたびに意見をやりとりすることができる。個別に関心のあるテーマにそって、各自の現実を生きながら適当にまとまっては散って、フェミニズム書籍や講演情報を共有し、読む価値のある記事やニュースを紹介する。またNAVERの記事や各種の女性嫌悪的投稿を見つけては火力支援をしたり、各自が活動しているあらゆる女性向けコミュニティなどに、女性の人権について重要なテーマを伝えている。

オフラインの強みは何より直接顔を合わせて話す点で現場感があり、確実に意思疎通し合っていると感じられることだ。しかし同じフェミニストでもその人が持つ社会的、経済的立場が大きく影響して、構造的に対等な立場で議論ができない場合がある点が短所と言える。対面関係の親密度の違いから、多くの人たちの意見をすべて聞くには不適切という点も指摘される。顔も個人情報も出している団体組織や運動体の中では、親睦ゆえに確実に互いの言葉を批判しづらくなることがあり、議論自体が遅れたり、お蔵入りになる傾向もあるだろう。

2008年の戸主制度廃止以降、長い間下火になっていたフェミニズムの暗黒期を経て、むごたらしいほど女性の人権が軽視さている状況に再び怒りの声が湧き上がったのだ。その声を特定の組織だけに取り込まなくてはならない理由はまったくない。組織名を掲げた大義に埋もれ、自分が問題意識を持っているテーマを追求できなくなったり、個人の活動がしづらくなることもある。そんなときは新しい領域と、さらに多くのアイデアを共有し記録できるよう、組織を抜け出すこともまた必要だ。個人個人が結びついて自由に話すことができるのもやはり連帯だし、その連帯によって、何のヒエラルキーもなく対等に議論とプロジェクトを発展させることもできる。このようなゆるやかな連帯は、多様な運動組織間の連携となり、強力な批判者、強力な行動家をも生むことができる。

私が現在進めている活動には、オフラインの小グループとデモ、プロジェクトなどがある。オフラインで作った小グループは、現場で長い間活動されてきた活動家の先生方との勉強会と、フェミニズムコンテンツを生産しているプロジェクトグループの二つに分けられる。活動家の先生方と私たちは二十歳ほどの年齢差があるが、女性たちが置かれた現実の問題を解決したいという点で意見を同じくし、共感し合っている。先生方は20代、30代のフェミと会う方法を探そうとしていたが、オンラインの人々とどうやってオフラインで会うことができるかずいぶん悩んでいたそうだ。ある方が勇気を出して先頭に立ち、先生方との連携を推進したおかげでこのオフライン小グループができた。先生方の昔の運動の話を伝え聞いていると、戦略を立てる上でとても勉強になる。この小グループを通じて、長い間女性運動をしてきた先生方とヤングフェミたちの連帯感を基盤に、現実の問題に悩むヤングフェミとゆるやかな組織体を構成し、講演の場、持続的な対話の場を作っていけるよう準備している。世代間で経験を共有し、私たちが解決すべき女性たちの当面の問題が何かを見て、感じることのできる重要な公論の場になるはずだ。

フェミニズムコンテンツを生産するプロジェクトグループは持続可能な第二波フェミニズムのためのものだ。現在オン・オフラインに蔓延する第二波へのバックラッシュと関連して、フェミニズムの皮をかぶった性的自己決定論がある。特定の事案について社会構造を無視したまま個人の自由を強調するこの性的自己決定論が、フェミニズムを攻撃する洗練された議論として大手を振っているのだ。そんな動きに抵抗するため、家父長的構造を解体するための第二波のコンテンツを生産し、本を作り、グループを結成し、フェイスブックページを開設しようと話し合っている。現在出ているさまざまな書籍を批判し、多様な文化批評をするつもりだ。それだけでなく、各自が置かれた分野と位置から、あらゆる女性嫌悪と女性差別にどう対応し反撃することができるか、すぐさま解決することはできなくても、中長期的にどんな対策と運動を進めていくべきかを伝え、問題意識を広げようと思う。この活動は、誰に対しても開かれたメンバーシップの形で進めようと計画している。

私たちはオンラインだけで活動するのではない。オフラインでの単発的な集まりを通じてあらゆる討論と議論、勉強の機会を設けることも計画している。オンラインだけで活動すると議論が散漫になりがちなので、オフラインでの頻繁過ぎない集まりを通じて、フェミニスト仲間たちと長く関係を維持する機会を作ろうというわけだ。ある目標と理念を掲げて組織を作ることには、私だけでなく他の参加者たちも同意しないだろう。私たちが目指すのは個人個人の「液体的連帯」だから。たとえ歩みは遅くとも、現実と並行して根気よく続けてゆけば、メガリアサイトのように互いのために声をあげるフェミニストたちの灯台になれるのではないかと思う。

フェミニストの液体的連帯を夢見て

メガリアのフェミニズムブームとともに数多くの女性たちが立ち上がったときは、こんなに強力な女性たちの声があるのだから、すぐにでも多くのことが解決されるだろうと希望を持った。しかし多くの姉妹たちの声はすぐにしぼんでしまった。まるで民主政府が登場するなり民主化運動家たちがあちこちに散り、政権の既得権を踏襲していった過程を見ているようだった。そうとしか思えなかったのも、韓国女性たちの状況に合わない新自由主義的議論を載せたフェミニズムが主流として形成され、多くの人々がこれに注目しているためだ。

メガリア閉鎖以降、それでもウォーマドが残ったということは一縷《いちる》の望みだ。悪い意図を持った文章をあえてウォーマドに投稿する者もいたが、オープンで誰もがアクセスし投稿できる匿名のサイトであるだけに、ウォーマドの波及力は大きい。メガリア閉鎖以降、ウォーマドは二度もオンラインカフェを移動し、それから公式サイトを作った。メガリアとウォーマドが分裂したのは男性同性愛者の女性嫌悪発言にどう対応するかで意見が割れためだ。ウォーマドはDaumカフェに引っ越した後、運営の問題で再び移動することになったが、ミラーリング投稿が検閲され続けたことに不満を持ったユーザーたちが、もう少し使いやすいプラットフォームをと望んだことで公式サイト開設につながった。三度の引っ越しによって、女性たちが熾烈に投稿してきた文章の大多数が消えてしまった。資料を移したり記録するための人員が不足していたからだ。女性たちが夜を徹してやりとりした討論と、韓国社会の家父長制を暴く投稿が消えたことはあまりにも惜しく、残念でならない（タイムライン参照）。ウォーマドはフェミニズムを標榜しない。ここに所属意識を持つな、男性たちの攻撃と罵倒の対象となっていつ消えるかわからない存在だと思え。ウォーマドははっきりとそう言うのだ。

確かなことは、ウォーマドが消えたとしても、どんなやり方であれ女性嫌悪の告発とフェミニズム運動は続かなければならないということであり、現実と並行しなければならないという点だ。私はフェミニズムを「学ぶ」ため、大学の女性学科などに進学する多くの女性たちを見た。しかしそれが完璧なアイデアだとは考えていない。むしろ既存の女性主義の系統とわかれ、批判的にフェミニズムを堅持する多様な個人の集合体が必要だ。親睦については今でも懐疑的だ。私が感覚を失い、現実とかけ離れた言葉を使い出したとき、仲間たちが忌憚なく問題点を指摘してくれるよう、適当な距離感を維持してゆきたい。

社会が求める「女性らしく」「明るい」女性が「主体的」で「フェミニズム的」だという最近のフェミニズム議論を見ると、フェミニズムはそんなものではないと言いたくなる。女性たちがやりたいようにやっても何の問題もないときがまさに性の平等が実現したときであり、これは男性たちのジェンダー権力が解体されて初めて可能になる。進歩派の男性たちは女性の主体性を例としてあげ、女性たちが何でも自由に選ぶことができ、性的にも自由でいれば平等と言えるとする。しかし依然として女性がフェミニズムについて声をあげるだけで解雇され、就職が難しくなるこの時代、女性たちが現実的に持っている自由の中に、社会的主体となれる自由は含まれているのだろうか。職場内の差別と経済的差別に関する議論が始まってもいない今、「主体的」である自由を性的なことと個人的な領域に限定する議論は疑って見なければならない。今の韓国で女性主義についてものを言うことは苦痛でしかない。現実からかけ離れた議論は私たちが今平等であるように錯覚させ、現実を覆い隠す。生き方の問題を錯覚させる議論に騙されないためにも、私たちのフェミニズムが絶対に必要だ。

今ともにいるフェミニストの同志たちと、いつまでともにいられるかわからない。末長く志をともにしてゆきたいが、途中で疲れたら少し休んでまた戻ってくるという形で、今のゆるやかな連帯を維持してゆけたらというのが小さな願いだ。私には学業と卒業、就職という大きな現実の壁がまだ存在している。ときには現実に集中するためフェミニズムに関する議論から遠ざかることもできる。それは私だけでなく、トークルームの他の者たちや小グループの参加者たちも同じことだろう。たとえ今属しているグループが解散となっても、これからも粘り強く、ゆるやかな連帯を追求し続けるつもりだ。

第8章

存在へ近づいてゆくこと

――弁護士　パク・ソニョン

1.

アメリカ大統領夫妻訪韓の際、メラニア・トランプ夫人（当時）の明るい笑顔とともに「給食外交」という言葉がオンラインに上がってきた［訳注・メラニア・トランプがSHINeeメンバーのミンホと共に韓国の女子高校生たちとの交流イベントに参加。ミンホ登場に湧く高校生たちの姿に「普段笑顔を見せないメラニア夫人が終始満面の笑みをたたえていた」と韓国メディアが喜々として報じ、オンライン上でこれが「給食外交」と呼ばれた］。初めて見た言葉だが、すでに「給食」という表現は知っていたため意味はわかった。

青少年を意味する「給食」［訳注・中高生は給食を食べるので「給食」、大学生は学食で食べるので「学食」と表現する］という言葉に初めて接したとき、彼らをばかにしているようで気分がよくはなかった。例えば差別を助長する表現に対し、新しい言葉を作って使用するいわゆる「対抗発話」は意味ある行動の一つだろう。しかし青少年をそうやって新しい表現で呼ぶことに、意味があるとは思えなかったから。

しかし同じ時間に同じ空間で同じ食べ物を食べ、画一化された教育を受ける我が国の子どもたちが、アイドル歌手を見て悲鳴のような歓声をあげては急に座り込むという姿を見せて大統領夫人の微笑を自然と誘う快挙を、これほどうまく表現できる言葉は他にないような気もする。そしてひょっとすると「給食」という呼び方も、そんな画一的な環境で育つ青少年たちへの憐憫か、あるいはそんな環境のほうを批判した表現ではないかとも思った。

「よく見ればかわいい。長く見れば愛おしい」という言葉は、私と「給食」にも当てはまる気がして笑ってしまった。彼らとの出会いを思い出しながら。

2.

2016年5月ごろ、侮辱罪の刑事事件弁護を引き受けて、チョロク(仮名。「草緑」の意)とノラン(仮名。「黄色」の意)、そして彼らの裁判を全面的に支援していらっしゃる2名の運動家の方と初めてお会いした。チョロクとノランはあるサイトの会員で、サイトに上げた投稿のために告訴されていた。告訴人は自分のウェブ漫画が実在の人物と実話を元にしているので、キャラクターへの暴言は実在の人物への暴言だと主張して侮辱および名誉毀損で告訴し、検察は侮辱罪で略式起訴したが、チョロクとノランが異議を申し立てたため正式な裁判となったのだ。

公訴事実を初めて読んだときの感想は「んん？　これが何の罪になるの？」だった。事件の背景についての知識がなかったときだ。告訴人のことも知らず当該ウェブ漫画の存在も知らず、当該サイトのことも知らなかった。しかし裁判の準備をしながら背景をある程度理解した後でも、「これがどうして罪になるんだ？　不当すぎる」という考えは変わらなかった。彼らの悔しさと私の感想は、裁判を一緒に進めてゆく始まりとなった。

一年あまりの裁判の末に、無罪が確定した。判決理由は「提出された証拠だけでは当該ウェブ漫画に登場する当該人物が、侮辱罪の客体となり得る実在人物との同一性があるとは見がたく、たとえそうであっても、そのような事実を認識した状態で告訴人を侮辱するために文章を作成したと見るには足りない」とのことだった。

事件についての具体的な言及は避けるが、裁判をしながら意見書の参考にしてきた文章をここに書いてみようと思う。10年前、偶然雑誌で見て気に入って書きとめておいた文句だったのだが、10年後、裁判に臨む私の論理の骨組みになろうとは、思えば不思議なことだ。次のような内容だ。「主題を定め、素材を探し出し、物語を構成することになったなら、それはもはや事実ではない。すべてが事実であったとしても、部分だけを取り出したり再構成したのなら、それは結局、フィクションなのだ（フランスの写真作家、概念美術家ソフィ・カルのインタビューより）」。

3.

チョロクは無邪気で明るい印象で、語調も発声もはっきりとした子だったが、聞けば私と同じ学校の後輩だった。ノランはまだまだ若いが言葉も文章も相当流麗に駆使できた。裁判が終わった後に話をしているとき、地下鉄に乗って移動するとき、合間合間におしゃべりしながら性差別、女性の人権について彼らの考えを聞くことができたのは、とても大切な思い出だ。彼らは長引く捜査と裁判過程を黙々と耐えていた。心構え、態度、服装に至るまで、特に裁判前日に多くなった私の小言を嫌な顔一つせず聞いてくれた。子どものように見えたノランが大人っぽいスーツを着て来た日、黄色頭のチョロクが濃い色のヘアスプレーをかけ黒っぽい髪をして来た日は、今でも可笑しい思い出として私の脳裏に残っている。

彼らはときに妹のようで、ときに娘のようだったが、誰よりもはっきりと自分たちの裁判の意味と過程を認識していた。彼らの投稿が作品内のキャラクターに対する言及であるのは明らかだったが、低俗な表現が飛び交うサイトの投稿に交じっている点は都合が悪かった。特定サイトの会員という理由から悪い意図を疑われもした。最悪の場合、前科者になってしまうという危険に置かれていた。一方で侮辱罪は告訴人が合意すれば処罰を免れる犯罪のため、妥協の余地がそれだけ大きい。チョロクは教職員試験の準備中で、ノランは裁判のために業務に支障が出ていた。しかし彼らは自分たちの意見表明が犯罪となるのは不当だという信念を最後まで捨てず、毅然として裁判に臨んだ。類似事案の検察による「嫌疑なし」の決定文など、さまざまな証拠を探して送ってくれる、能動的な裁判の主体だった。

この場を借りてチョロクとノランを支援してくださった運動家のお二方のご尽力にも、今一度感謝申し上げたい。この方々はチョロクとノランを物心両面で支えてくださった。裁判のたびに同行してチョロクとノランを励ましてくださり、ともに怒り、心配してくださった。全員で集まってアイデアをわかち合い、お二方の助力でアメリカのある大学教授の意見をいただき、理論構成に反映することもできた。

妥当な判決を出してくださった裁判所にも感謝の意を伝える。真実の発見と正義の実現は本当に、何ものにも代えがたい慰労となる。

4.

チョロクとノランの事件は、特定サイトで起こったオンラインの対抗発話運動が勝利した例として意味のあるものだ。女性が主軸となった特定サイト会員の多数を一斉に告訴したことに対しては、個人的な不当感を超え、女性の人権運動に及ぼす被害という側面で批判的に見る視点があったと認識している。

しかし実際の弁論では、主な争点は創作物、作品としての当該ウェブ漫画と作品内キャラクターを実話および実在の人物として見ることができるかどうか、結局侮辱罪の客体である「人」に対する表現として見ることはできないという点、チョロクとノランに侮辱の故意がないということだった。チョロクとノランの表現がいわゆる「*ミラーリング」と似ているため、理解の一助としてそのころオンラインで行われていたミラーリング活動の正当性と表現の意味、それらが属していたサイトの存在意義などをある程度主張すべきか悩んでもいたのだが、作品内容が読者たちの批評の対象となるという点は積極的に主張しながらも、そのような争点を浮かび上がらせることはしなかった。彼らの表現が作品内キャラクターとストーリーに対する意見であることが自明だったためもあるが、そんな内容に裁判所が共感できるだろうかという憂慮もあった。チョロクとノランの事件を特定サイトの活動、さらには女性の人権運動として議論を拡げ、先例にすることができなかった点で、惜しかったと思う人もいるだろう。

一方で犯罪の成立、有罪・無罪の判断は事案と証拠によって個別的になされ、通常、無罪判決の主たる理由は「提出された証拠だけでは合理的疑いの余地なく罪が認められると見ることはできない」というものなので、類似の事案のように見えながら有罪となる場合もあり得る点を認め、仮にも先例を一般化することには注意が必要だと思われる。

＊ミラーリング　辞典的意味は工学的、心理学的に多様だが、ここでは特定サイトで女性嫌悪表現に対抗し、「意図的に模倣する行為」として使われるようになった造語の意味として使用した。ミラーリングの例として花蛇《コッペム》という表現（第1章参照）に対するチンコ蛇《チョッペム》、キムチ女に対する韓男虫、娼婦に対する娼夫、ママ虫に対するオヤジ虫、堕胎女に対する漏らし逃げ虫などをあげることができる。

5.

チョロクとノランの事件を契機に、性差別と女性の人権について考えさせられた。性暴力被害者の代理人として、性犯罪についてはある程度問題意識を持っていたが、日常に、あるいは韓国社会に蔓延する性差別や嫌悪の問題については鈍感で無知なほうだった。特に彼らと話しながら「私はそこまでひどいと思えなかった」というような異議を唱えた後になっての恥ずかしさは今でもいちいち思いだされる。私の感覚と記憶が無神経と無知と妥協の結果だったかもしれないからだ。女性が主軸となったオンラインサイトと活動については、まだ意見を言えるほど詳しくない。彼らが使っているある種の表現はOKで別の表現はイマイチで、意図と方式についてはぼんやりとだけ納得し憂慮し、彼らの活動よりは、その活動に対するチョロクとノランの個人的立場のほうが今は気になるし、もっと知りたいとも思う。しかしいつからか、自分の何気ない発言や考えが女性嫌悪に該当しないかと振り返るくせ（微弱なレベルで）がついた。結論を出せず、一人で悩んでやめる場合が大部分だが、以前にはなかった変化だ。そうして彼らが私にとって「存在」するようになったと気がついた。存在として私に近づいてきたのは考えるということ、尊重するということ、理解しようと努力すること、よい人間であろうと願うことだ。チョロクとノランを信じ、好きでいるように、彼らが守っているものにも関心を持つようになった。これは事件をともにして得た収穫の一つだと思えるようになった。

6.

最後にチョロクとノランの前途を祝福し、応援する。過程がしんどいと、結果がよくても思い出になりづらい。結果に対する喜びよりも過程を思いだすときのひりひりした感情がよみがえるからだ。そんな意味で、自分の苦しかった一時期と向き合うことを恐れず、世界と共有し、その過程で出会った縁を大切にする彼らは本当に勇敢な人たちだ。彼らそれぞれの勇気ある歩みが、私にそうしたように、多くの人々にさまざまな気づきを与え、よい変化をもたらすよう願い、そして信じる。

タイムライン

メガリアからウォーマドまで

このタイムラインは、2015年5月の「MERS掲示板」誕生から始まり、メガリア、臨時避難所を経てウォーマドに至るまでの、3年にわたるオンラインフェミニスト連帯記である。メガリアとウォーマドは頻繁なサイト移動とコミュニティ閉鎖、社会的な圧迫と警察による捜査のため、その言葉と業績が記録される間もなく消えてしまった。韓国社会を揺るがした爆発力に対して残っている記録が不完全で貧弱という事実は、韓国社会でメガリア／ウォーマドがどう位置づけられたかを示す指標となるだろう。現在メガリアのサイトはアクセス不可能で、メガリア以降に使われてきたオンライン避難所もほとんど閉鎖された状態だ。

そのため「フェミウィキ」(フェミニズムに関する用語を解説する韓国語のウェブサイト)とウォーマド、メガリアの記録の一部を掲載しているフェイスブックページなど、ちらほらと残っている記録をくまなく探し、またメガリアとウォーマドで活動してきた当事者たちの記憶に頼ることでタイムラインを作成するほかなかった。もし事実と違う部分、前後関係が合わない部分を発見されたら、さらに記録すべきものが残っているという証拠ととらえ、積極的に情報提供してくださるようお願いしたい。

女性たちがどんな声をあげ、どんな運動をしてきたのか、女性たち自らが誰よりも多く記録すべきであり、また深く記憶すべきであることを、私たちは忘れない。

—— 編集者

2015 – 5 May

20 **MERS**（中東呼吸器症候群 Middle East Respiratory Syndrome）**発生**

大韓民国で最初の MERS 感染者が発見された。「その感染者は香港旅行から帰国した女性である」と憶測による報道がされ、「日刊ベスト」（略称イルベ）など、男性たちが大多数の使用者であるサイトを中心に、この女性に対するヘイト表現が溢れた。

26 **アムネスティ・インターナショナル「ザ・ジーニアス」のコラムに「女を嫌悪する男たち」掲載**

この記事はオンダルセム（コメディアンユニット）事件（第 1 章「すべては告訴から始まった」参照）と関連したものだったが、以降いくつかのメディアで女性嫌悪と MERS 掲示板、メガリアを関連づけた記事が書かれ始めた。

6 月 5 日　「MERS 掲示板で男性嫌悪が溢れてきたわけ」

6 月 10 日「MERS 掲示板を覗いた男が知らされたこと」

6 月 11 日「目の前にあらわれたメガリアの娘たち—MERS 掲示板、開かれたパンドラの箱を見て」

6 月 23 日「イルベも悲しませるメガリアの娘たち」

8 月 7 日　「PD 手帳（番組名）はなぜ女性嫌悪を企画したのか」

8 月 17 日「緑の大地、メガリアはどう誕生したのか?」など。

29 **MERS掲示板誕生**

DC インサイド（大型掲示板サイト）内に「MERS 掲示板」が作られた。（dcinside.com/board/lists/?id=disease）

最初の MERS 感染者、男性と判明。韓国で MERS に感染した最初の患者が男性であり、彼が 4 つの病院・医院をめぐったという事実が報道された。男性芸能人掲示板の女性ユーザーたちはこの患者が男性だったという点に注目し、「もしもこの患者が女性であったなら、インターネットでどれほど罵倒されたかわからない」と非難し始めた。（フェミウィキ参照 femiwiki.com）

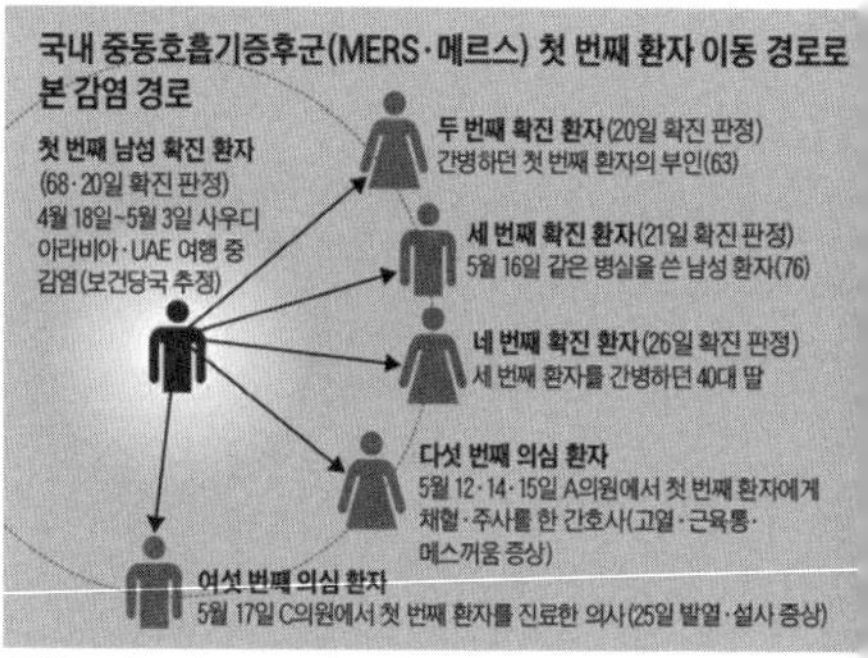

朝鮮日報。2015.05.27「医療陣など4名もMERS症状……全員最初の患者と接触」

5〜6月　MERS掲示板移動の歴史

李明博《イミョンバク》掲示板→東南アジア掲示板→キムチチーズスマイル掲示板→結婚できない男掲示板

「結婚相手の男性は童貞であってくれたら、というのが…女性の…正直な想いです」

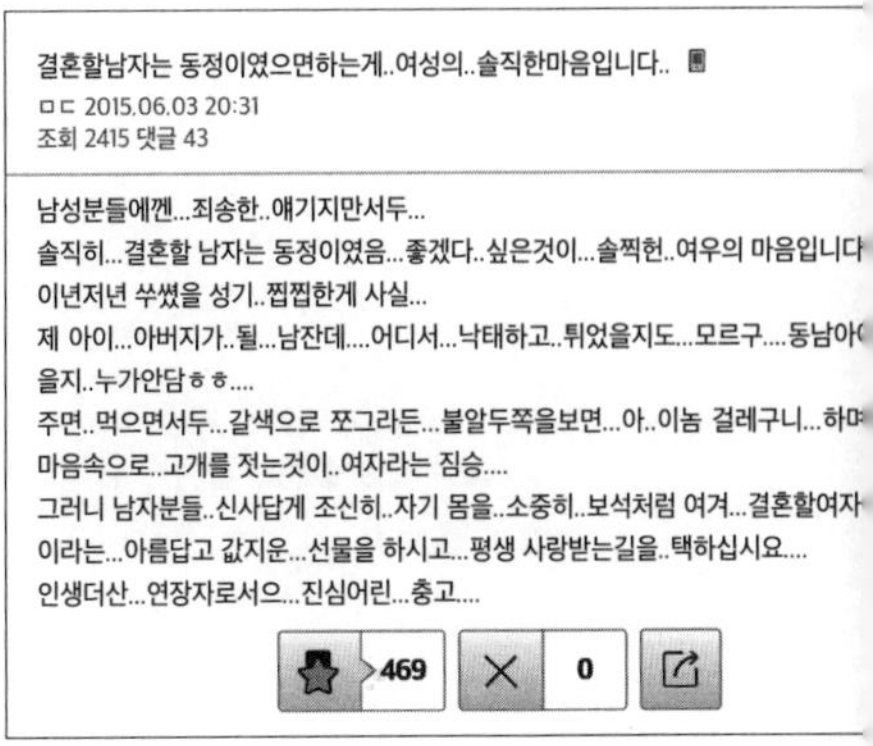
결혼할남자는 동정이였으면하는게..여성의..솔직한마음입니다..
ㅁㄷ 2015.06.03 20:31
조회 2415 댓글 43

남성분들에겐...죄송한..애기지만서두...
솔직히...결혼할 남자는 동정이였음...좋겠다..싶은것이...솔찍헌..여우의 마음입니다
이년저년 쑤셨을 성기..찝찝한게 사실...
제 아이...아버지가..될...남잔데....어디서...낙태하고..튀었을지도...모르구....동남아
을지..누가안담ㅎㅎ....
주면..먹으면서두...갈색으로 쪼그라든...불알두쪽을보면...아..이놈 걸레구니...하
마음속으로..고개를 젓는것이..여자라는 짐승....
그러니 남자분들..신사답게 조신히..자기 몸을..소중히..보석처럼 여겨...결혼할여자
이라는...아름답고 값지운...선물을 하시고...평생 사랑받는길을..택하십시요....
인생더산...연장자로서으...진심어린...충고....
469　0

6月9日、結婚できない男掲示板が盛り上がり、掲示板ユーザーたちが6月9日を「小さな唐辛子記念日」という意味の「小唐記念日」と定めるなど、「ミラーリング」活動を始めた。『イガリアの娘たち』とMERS（メルス）掲示板を合わせた「メガリア」という言葉が誕生したのもここ。初めは女性嫌悪に対応するミラーリングが『イガリアの娘たち』という小説と似ていることから「メガリアの娘たち」という名前だったが、まもなく女性嫌悪に抵抗するのは女性だけではないという理由で、「メガリア」という名前に変えられた。メガリアのサイトが誕生するとこの名前が完全に定着し、略称「メガル」も合わせて使われた。メガリアを始めたのはDCインサイドの男性芸能人掲示板のユーザーであると推定される。以降ミラーリングのスクリーンショットが複数の女性向けオンラインカフェ〔コミュティのこと〕に拡散され、「女性時代」「ソウルドレッサー」「サンファ茶ココア」など多くのオンラインカフェの女性ユーザーたちがメガリアに合流した。

（フェミウィキ参照）

2015 – 6 June

09 **「メガリア」商標権登録**

「無限の挑戦（バラエティ番組名）」掲示板ユーザーたちがフェイスブックでメガリア5、メガリア6、メガリア7、メガリア8と名乗り、悪意でミラーリング活動を妨害する事態が起きた。これに対し匿名の女性ユーザーが「メガリア」の商標権を登録した。

2015 – 7 July

06 **韓国性暴力相談所に1800万ウォン以上寄付**

NAVERオンライン寄付ポータルサイト、ハッピーログを通して社団法人「韓

国性暴力相談所」［訳注・性暴力被害者の電話相談、性暴力関連の法律制定や改正、行政の監視や啓発活動を行っている］への寄付活動を行った。

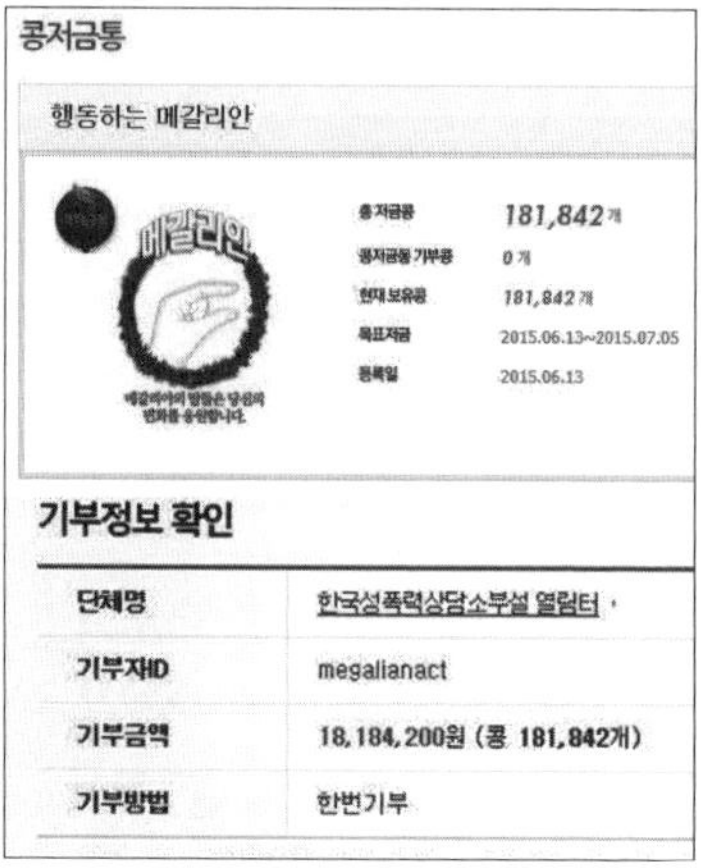

16 **「ショウ ミー ザ マネー」(音楽番組名)歌手ソン・ミンホの女性卑下表現指摘**

Mnetの番組「ショウ ミー ザ マネー」に出演した歌手ソン・ミンホの「娘を狙撃 / 産婦人科にかかってるみたいに足全開だ」という歌詞に対しメガリアンたちが女性嫌悪的と指摘。大韓産婦人科協会も関連声明を出した。放送通信委員会は番組に対し最高懲戒である課徴金を科した。

17 **「天下一マンスプレイニング大会」開催**

2010年、「ニューヨークタイムズ」がワード オブ ザ イヤーとして選び、2014年にはオックスフォードオンライン英語辞典にも収録された単語「マンスプレイニング（単語辞典参照）」の韓国的実態を可視化させるため「天下一マンスプレイニング大会」を開催した。コンテスト形式を通じて代表的なマンスプレイニングの事例を挙げながら、男性が女性に対して日常的に加え続ける言語的抑圧を可視化させた。

2015 – 8 August

06 **メガリアンサイト（www.megalian.com）誕生**

07 **違法モルカ根絶キャンペーン開始**

隠し撮りカメラ（モルレカメラ、略称モルカ）関連投稿がメガリアに上がり始め、モルカ販売禁止法制定とモルカ禁止ステッカー貼り、関連者処罰、韓国訪問予定の外国人女性たちのための警告などさまざまなアイデアが出された。以降、韓国女性民友会（1987年創立の女性人権団体）とともに「モルカ禁止ステッカー貼り」キャンペーン実施、韓国性暴力相談所とモルカ被害者たちのための法律相談、またメディア各社に対しモルカの現状を告発する記事を書くよう促すなど、オフラインの具体的な活動へとつながった。

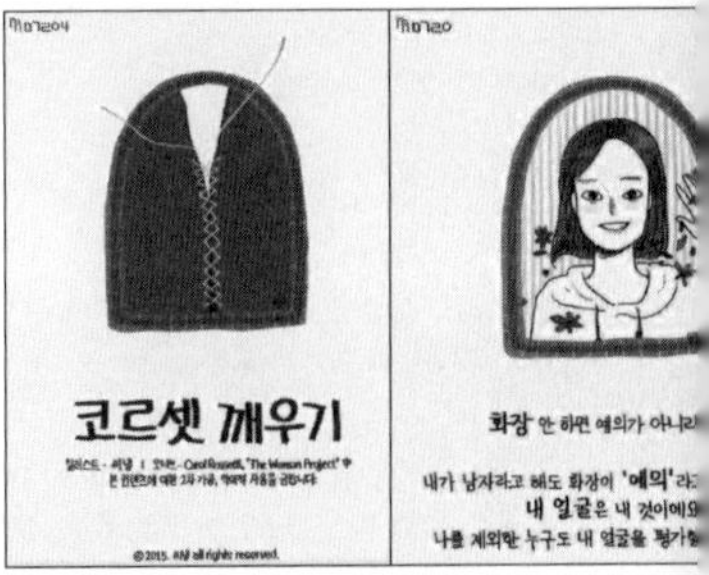

10 **「コルセット打破」プロジェクト**

女性たちがコルセット（単語辞典参照）から自由になるために行われたプロジェクトで、体毛、中絶、ダイエット、ファッション、性暴力など女性たちに加えられるあらゆる種類の抑圧から自由になるよう応援するため、画像を投稿・共有するオンライン活動。フェイスブックのメガリア4のページだけで200件以上の共有と1100以上の「いいね!」を記録した。

11 **教育部**［訳注・日本の文部科学省にあたる］**の性教育ガイドラインに陳情提起**

性教育のガイドラインをフェミニズム的に変えさせるため、「驚くほど性差別的で、性的多様性と多様な家族関係を排除しており、性暴力神話を強化する教育部性教育ガイドライン!　教育部に陳情を提起し引き続きご注目ください」というキャンペーンを実施した。

この陳情には下記の三つの論点と根拠があった。

1. 性教育ガイドラインが性別固定観念と性役割を強化する性差別的な内容を盛り込んでいる。
2. 性的多様性と多様な家族形態を排除している。
3. 性暴力に対する歪曲された通念を強化させ、性暴力の予防を困難にする内容を盛り込んでいる。

11 **韓国女性民友会とともに、**
女性嫌悪反対活動のため500万ウォン以上の寄付を集める

韓国女性民友会とともにNAVERオンライン寄付ポータルサイト、ハッピーログを通して、女性嫌悪に反対する活動のため寄付金を集めた。メガリアを通しての寄付が寄付総額の50パーセントを超える500万ウォン以上に達したことが明らかになった。

13 **NAVERニュースのコメント浄化作業**

韓国の代表的ポータルサイトであるNAVERニュース掲示板の女性嫌悪的コメント「浄化」作業はメガリアの代表的な活動である。女子高校生が試験を受けている写真にまで「ブラが透けて見える」とセクハラコメントし、女性と何の関係もない記事も「韓国女性は問題がある」と無関係な女性たちのせいにし、韓国女性は投票せずに遊びまわり、政治に無関心で着飾ることにしか能のない「キムチ女」［訳注・否定的・侮辱的な意味で韓国女性を指す、

主にオンラインで使われる代表的な女性嫌悪表現］と非難するなど、女性を貶めるコメントは数え切れない。女性警察官を賞賛する記事に首を突っ込んで「男性警察官たちは注目されない」と不満を吐き、喫煙が健康によくないという記事では女性喫煙者たちを非難し、性暴力被害統計の記事に「ハニートラップの可能性」を言い立て、「女性も気をつけるべき」と悪意のコメントを残し、「男は損だ」等々のコメントがつく。そんなコメントを押しのけるため、メガリアンたちは夜を徹してコメント浄化作業を繰り広げた。

（第４章「オンラインフェミサイド、今度は私たちが話す番だ」、第６章「活動家は生まれるのではない、つくられるのだ」参照）

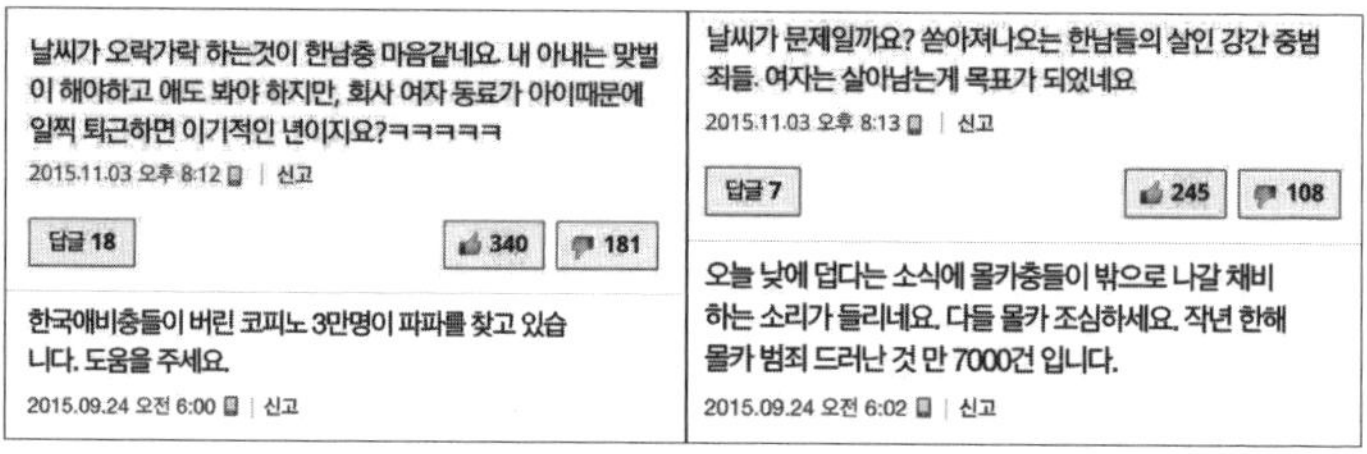
날씨가 오락가락 하는것이 한남충 마음같네요. 내 아내는 맞벌이 해야하고 애도 봐야 하지만, 회사 여자 동료가 아이때문에 일찍 퇴근하면 이기적인 년이지요?ㅋㅋㅋㅋㅋ
2015.11.03 오후 8:12 | 신고
답글 18 | 340 | 181

한국애비충들이 버린 코피노 3만명이 파파를 찾고 있습니다. 도움을 주세요.
2015.09.24 오전 6:00 | 신고

날씨가 문제일까요? 쏟아져나오는 한남들의 살인 강간 중범죄들. 여자는 살아남는게 목표가 되었네요
2015.11.03 오후 8:13 | 신고
답글 7 | 245 | 108

오늘 낮에 덥다는 소식에 몰카충들이 밖으로 나갈 채비하는 소리가 들리네요. 다들 몰카 조심하세요. 작년 한해 몰카 범죄 드러난 것 만 7000건 입니다.
2015.09.24 오전 6:02 | 신고

15

「行動するメガリアン」
チャリティブレスレットプロジェクト

2015年8月15日から20日まで「行動するメガリアン」シリコンブレスレットとステッカー、タンブラーを製作・販売した収益金500万ウォンを、未婚のひとり親のための施設である愛《エ》蘭院《ランウォン》に寄付した。

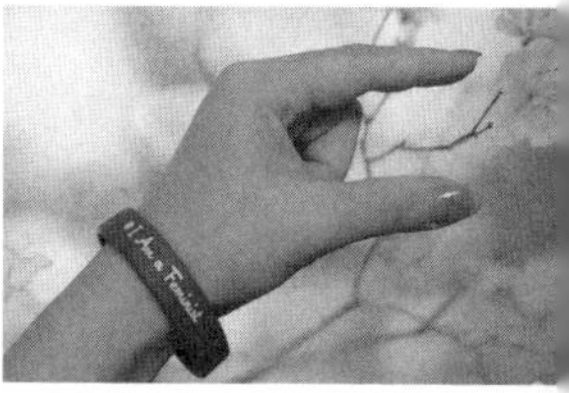

19

「天下一女性嫌悪広告大会」開催

女性嫌悪を助長し、歪んだ性役割固定観念を強化させる性差別的広告を集め、批判する活動。

写真右ポスターコピー：何もかも任せても、避妊まで任せないでください　避妊はセルフサービスです　保健福祉部）

23 **性差別助長ゲームに積極的抗議**

年齢制限なしに利用可能なモバイルゲーム「みんなの経営」で、女性秘書キャラクターが性的に貶められており波紋を呼んだ。特に「冷静沈着」と性格を強調している男性秘書キャラクターと比べ、女性キャラクターが身体のサイズなどで表現されることに抗議した。ゲームを開発したeファンカンパニーはこれに対応して女性キャラクターのデザインを修正した。

25 **報道番組「PD手帳」の特集「2030男性報告書」放送内容に抗議**

8月4日にMBCで放映された「PD手帳」の特集「2030男性報告書:その男はなぜ彼女に背を向けたのか」の内容が女性嫌悪を正当化していると問題提起し、番組製作陣に伝えた。以下はその内容。

1. 私たちの間で最も多く出た意見は、「放送内で女性嫌悪という現象と、その原因についての綿密な分析をまったくしていない」というものです。むしろ女性嫌悪が不可避であるかのように正当化し、合理化するばかりで、重要な社会的現実（経済活動参加率、賃金格差、性暴力など女性を対象とした犯罪）については触れられていません。番組は軍隊・デート・家父長へと続く断片的で表面的な現象に言及するのみでした。
2. この放送で主に引用されていた資料は、ソウル地域20～30代未婚男性500名への設問調査でした。これが女性嫌悪を説明できる、信頼性のある根拠になるかは疑問です。「デート実験」のシーンと複数のインタビューが断片的に編集されており、これを基に、女性嫌悪の原因はそれを誘発する「女性のせい」というメッセージを発しています。さらにコラムニストのキム・テフン［訳注・「ISよりも、脳みそのないフェミニストのほうが危険だ」というタイトルで女性嫌悪的コラムを書いた］がまるで専門家のように登場する場面には驚かされました。
3. 放送のまとめでは「すべての嫌悪はよくない」「対話で解決しよう」と性急に結論を提示しています。デートのように、本来個人的な関係を通じて解決すべき問題について「社会構造が原因」としながら、嫌悪の解決は個人の責任としています。私たちは尋ねずにいられません。女性が嫌悪されるのは正当な理由があるからだと言いたいのでしょうか？　果たして「対話」で女性嫌悪を解決することができると考えているのですか？

そして女性は「若年失業者問題」に苦しんでいる当事者に含まれないのですか？　女性労働者全体のうち非正規職比率は56・1パーセントで、男性の非正規職比率より19・2パーセント高くなります。賃金格差は男子を100として63にすぎず、OECD国家中、圧倒的な最下位水準を記録しています。韓国女性民友会はこの2年間、女性労働者への丁寧なインタビューを通して、男性が世帯の稼ぎ主であるという考えは幻想にすぎないことを明らかにしています。現実において女性たちは家計維持のために働いており、もはや女性の経済活動を「補助的なもの」と見ることはできません。

4. 「PD手帳」は地上波の時事番組として責任をまっとうすべきです。それにもかかわらずメディアの役割を放棄し、問題を熟慮したとも思えない、誠意のない無責任な放送をしました。視聴者たちの問題提起を無視せずに、必ずや問題点を見直して、しっかりとした番組制作のために努力してください。そうでなければ一度背を向けた視聴者を再び振り向かせることはできないでしょう。―― 2015年8月25日「PD手帳」「2030男性報告書　その男はなぜ彼女に背を向けたのか」上映会参加者一同。

31 **モルカ禁止法案新設推進**

メガリアが隠し撮りカメラ（モルカ）について絶え間なく問題提起し続けた結果、社会的な議論を呼び起こし、ついには警察庁が積極的な対応を始めた。

―― 電波法での規制ができないモルカに対し、別途、製造販売流通の禁止条項を新設

―― 大型プール施設などに性暴力特別捜査隊215名を専任配置

―― その他施設にも女性青少年捜査チーム2643名潜伏勤務

―― モルカ撮影法や映像を公開した者が通報によって検挙された場合、通報者に補償金を支給

―― 警察庁通報アプリにモルカ通報コーナー新設

―― 違法製造および輸入モルカ流通行為に対し集中的に取り締まり

2015 – 9 September

03 **トイレ「モルカ禁止」ステッカー貼りキャンペーン**

メガリアの掲示板を通して、「トイレ隠し撮りは犯罪」としたステッカーを制作し、配布した。

写真右：ステッカー　※隠し撮りは犯罪です　「見せてもらうぜ　おまえの尻」　性暴力犯罪の処罰などに関わる特例法第14条（カメラなどを利用した撮影）

03　女性への犯罪をファンタジーとして利用した「マキシムコリア」に抗議

男性誌「マキシムコリア」が2015年9月号のカバーストーリーで、女性を対象にした犯罪を性的にイメージ化したことに対しメガリアユーザーたちが抗議。「マキシムコリア」は謝罪声明を発表した。メガリアユーザーたちは「マキシムコリア」編集部と女性家族部［訳注・ジェンダー平等などを担う国の機関。「部」は日本の「省」にあたる］、出版倫理委員会を対象に「女性の現実的な恐怖を、性的ファンタジーとして美化しないでください」という署名運動をした。このことが「ハフィントンポスト」など外国メディアで記事になり、「マキシム」米国本社からの声明が発表され、さらに「マキシムコリア」も公式に謝罪し声明を発表し、9月号全量を回収、全収益金を性暴力予防団体、女性団体に寄付することを約束した。

（謝罪文　私ども「マキシムコリア」は最近発行された2015年9月号裏面と該当記事欄に不適切な写真とキャプションを載せてしまいました。これまで「マキシム」を愛読してくださった多くの方々を、今回のことで失望させてしまったと考えております。犯罪現場のようにグラビアを演出することで、犯罪行為を美化しようと意図してはおりませんでしたが、意図とは関係なく全面的に私どもの過ちであったと認めます。深くお詫び申し上げます。このことを深く反省し、現在全国で販売中の9月号を全量回収し廃棄するよう処置いたします。また、すでに販売された9月号によって発生した販売収益は全額、社会に還元するようにいたします。全収益金を性暴力予防、また女性人権団体に寄託いたします。改めて深くお詫び申し上げます。マキシムコリア編集長）

05 イラスト大会「メガル杯」開催

真夜中に開催されたイラスト大会に多くのメガリアンたちが参加し、腕前を見せつけた。612名が投票し、1位「陥没チンコ」、2位「クソキムチ男掃除」、3位「ありがたすぎるよ……メガル女ども」、同点4位「今日この中の一人でも目撃したらぶん殴ってやれ」「視線の暴力」が選ばれた。ここに紹介しているのは「視線の暴力」。作品解説には「私は美人でもないし、クソみたいな視線を一身に受けているわけじゃないけど、ときどきこんなふうにチラチラ見てくる視線がある。それを一か所に集めて描いてみた。走り寄ってぶん殴ってやりたい」とあった。

07 ソーシャルコマース「ウィメプ」と「チケットモンスター」のモルカ販売に抗議

ソーシャルコマース業者であるチケットモンスターとウィメプがモルカ機器を販売しているとの投稿がメガリアに上がった。これに対し抗議すると、両業者は「お客さまこんにちは。本製品は犯罪のためではなく、それ以外の用途で購買なさるお客さまたちのための製品です」という立場を示したが、これがメガリアユーザーたちを刺激し、抗議が続くと3時間でモルカ販売は中止された。

09 ソラネットのモルカ根絶のためのアバーズ請願

カン・シンミョン警察庁長官（当時）を相手に、違法成人サイトソラネット閉鎖と関連者全員の処罰を要求する請願運動を展開。グローバルオンライン

コミュニティの「アバーズ」で行った請願では 10 万筆の署名を目標にしており、2018 年 1 月現在 8 万 6000 人以上がオンライン署名した。（http://goo.gl/r4b5yK）

15 **「ウボッキ」サイトへの分離と再統合**

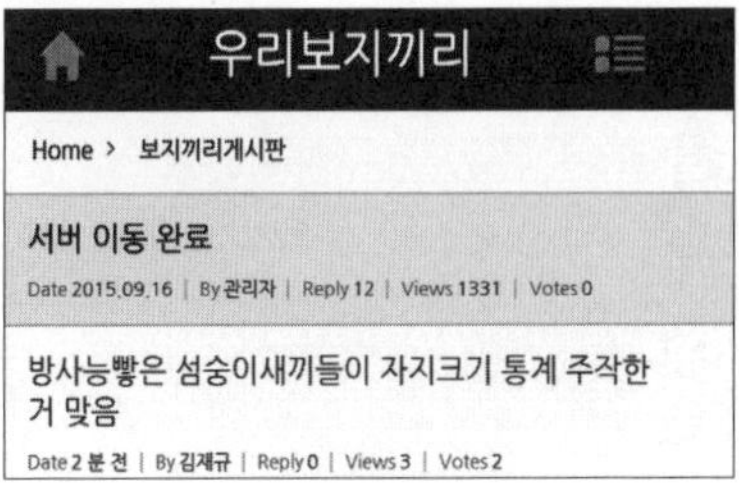

イルベの言語をミラーリングしたある用語の使用をめぐりメガリアで激烈な論戦が繰り広げられ、急進的ユーザーたちが「ウボッキ」サイトへ分離・独立していった。しかしこのサイトの運営者が「無限の挑戦」という掲示板の男性ユーザーであることが明らかになり、再びメガリアに戻っていった。ウボッキは 9 月 24 日以降、アクセスできない状態だ。（第 6 章「活動家は生まれるのではない、つくられるのだ」参照）

22 **「天下一不平のプロ大会」開催**

相手にどう思われようとも、自分の意見を堂々と述べる主体的な女性になろうというメッセージを込めて行われた大会。ツイッター@ projiraler で受賞作を見ることができる。

29 **塩酸の店頭販売禁止、及び有害化学製品製造者への厳罰化を求める署名運動**

2015 – 10 October

10 **インターネットショッピングモール「11番街」での高濃度王水（塩酸と硝酸の希釈液）販売禁止要請**

15 **フェイスブックページ「MERS掲示板保存所」閉鎖措置**

21 **フェイスブックページ「メガリアン4」で作ったミラーリング雑誌「メガリアの心」10月号発行**

21 **ソラネット盗撮撲滅のための実態告発チーム誕生**

100 万人のユーザーを率いるソラネットに投稿された違法撮影物の実態を知らせるため、チームが組織され、多くの女性たちがオンラインでこれに参加した。以降「デジタル性暴力アウト」（DSO：Digital Sexual crime Out）

という名で活動を続けている。

21 **フェイクニュースを報道した「朝鮮日報」に抗議**

「朝鮮日報」が「北朝鮮による地雷で義足になった兵士に暴言を浴びせたネチズン、毅然とした兵士たち」という記事で、メガリアユーザーが地雷で足を負傷した軍人に対し侮辱的な投稿を上げたと報道した。しかしこれはイルベのユーザーによる捏造で、メガリアにこのような投稿はなく、事実を確認せずに報道した「朝鮮日報」に抗議した。

25 **ポストイットプロジェクト開始**

フェミニズム的なフレーズをポストイットに書き、トイレに貼るプロジェクト

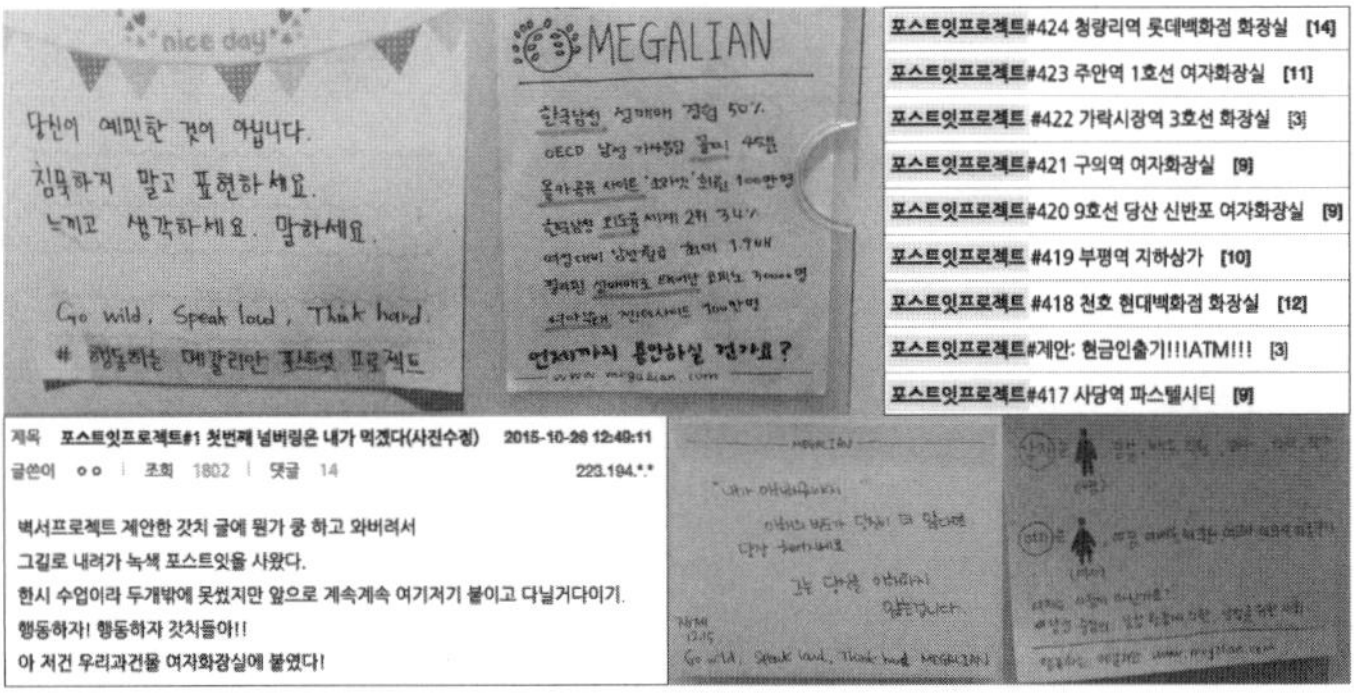

27 **NAVER「ハッピーログ」で女性嫌悪反対のため1000万ウォン募金**

2015 – 11 November

02 **未成年者買春撲滅プロジェクト開催**

07 **モルカ根絶のためのステッカー配送完了、トイレ配布開始**

09 **ソラネットのツイッターアカウントフォロワーに「ソラネットしてるの?」と尋ねるツイート登場**

ソラネットは警察捜査を避けてサイトアドレスを周期的に変えるたび、ツイッターで新しいアドレスを告知していた。そのためソラネットユーザーたちはソラネットツイッターアカウントをフォローしている。「ソラネットしてるの?」というツイッターアカウントは、そんなフォロワーたち一人ひとりにメッセージを送り、晒しものにして恥ずかしさを思い知らせた。フォロワーは自治体、

公職者、芸能人などさまざまで、指摘を受けたフォロワーたちは謝罪文を上げた。以降「ソラネットしてるの?」アカウントが増えてゆき、あるアカウントはメガリアの「火力支援」［訳注・ツイートなどで運動に加勢すること］に対して感謝の意を表した。

제목 소라넷하니...? 시작한 계정주야 2015-11-10 04:10:45
글쓴이 hani | 조회 12812 | 댓글 52

안녕, 엊그저께 소라넷하니 계정을 만든 계정주야.

처음 스팸으로 차단되고 하루만에 돌아왔을 때 계정이

'소라넷주소'를 팔로잉하는 박근혜 대통령

곽상아 허핑턴포스트코리아

오늘은 박근혜 대통령(GH_PARK)에게 말을 걸었다.

'소라넷 팔로했니...?'

소라넷하니...? @rusoranetfollow · 25분
소라넷 보구 크로키하고 막 그러니...?

소라넷하니...? @rusoranetfollow · 27분
순한 양 한마리라서 소라넷하니...?

소라넷하니...? @rusoranetfollow · 27분
가족사진 걸어놓고 소라넷이 그렇게 ㅎ

소라넷하니...? @rusoranetfollow · 28분
방금 팔로했네... 소라넷이 그렇게 좋니

소라넷하니...? @rusoranetfollow · 29분
감사하며 살아서 소라넷하니....?

14 ソラネットのレイプ共謀投稿を警察に通報
（第２章「『招待客募集』を、聞いたことがありますか」参照）

メガリアユーザーはソラネット告発及び閉鎖のため行動し続けた。14日、ソラネットのモニタリングをしていて、リアルタイムで「往十里《ワンシムニ》酔いつぶれ彼女」投稿を見つけ放送通信委員会、警察などに通報したが、公権力は「自作自演だろう」と終始生ぬるい態度だった。この対応にメガリアを含むネットユーザー女性たちは怒り、事件を公論化した。以降新聞記者や、テレビ局 SBS（民放）の番組「それが知りたい」などからメガリアのオープン掲示板に連絡が来た。

소라넷 왕십리 강간모의글 신고 경과/후기 올린다
소라넷ㅗ 2015-11-17 02:37:54 211.209.*.*

신고자 친구한테 아침에 경찰한테서 전화온 거 녹음본 그대로 타이핑. 이 글 후기다. 전화한 사람은 사이버 수사팀 경사라고.

자유게시판 2015-11-19 16:29
제목 14일에 소라넷 강간모의 (왕십리) 경찰 신고하셨던 분 찾아봅니
글쓴이 clicher | 조회 8526 | 댓글 46

안녕하세요. 저는 한겨레신문 사회부에 근무하는 [redacted]이라고 ㅎ

26 ソラネット捜査のためにチン·ソンミ国会議員に1000万ウォン寄付

메갈리안들, 경찰청장에 '소라넷' 엄격한 수사 촉구 진선미 의원에 십시일반 후원 1000만 원

진선미의원후원 #205까지 11384496원(#195 누락)
○○ 2015-11-26 23:42:56 121.173.*.*

선거 때도 여성정책 많이 내놓는 당에 투표해야 정치인들이 눈치를 보지 않겠노

国政監査でソラネットを厳格に捜査することを要求したチン・ソンミ議員のため募金運動を展開し、1日で1000万ウォンを集め寄付した。

27 **「韓国・女性の電話」後援プロジェクト**

メガリアサイトのオープン掲示板を通して「韓国・女性の電話」を後援するタグをつけ、毎年末にこの団体が発行する「女性手帳」を買って定期的な支援も促すなど、積極的な後援活動を展開した。

27 **ゲイ・アウティングプロジェクトの提案とその波紋**

メガリアユーザーがゲイの女性嫌悪文化を暴露し、それを受けて別のユーザーが男性同性愛者のアウティング［訳注・本人の了解なしに公表すること］プロジェクトを提案したが実行されなかった。しかしそれ以降、メガリアが実際にアウティングを行ったとのデマが流れ、既成事実化された。

28 **朝鮮大学医学専門大学院生の交際女性監禁暴行事件を公論化**

朝鮮大学医学専門大学院の学生が交際相手の女性を監禁し暴行した事件に対し、下記のような公論化運動をした。

- 「#朝鮮大医専院4時間暴力男」のタグでオンライン拡散
- メディアを通じての公論化運動
- 女性が圧倒的に多いオンラインコミュニティに、事件についての情報を拡散
- 地域の関連団体やメディアの電話番号を掲示し電話で抗議
- 光州地裁あての署名運動
- 全南大学と朝鮮大学に大字報（壁新聞）掲示
- 事件について英語字幕をつけた解説動画を作りYouTubeで配信

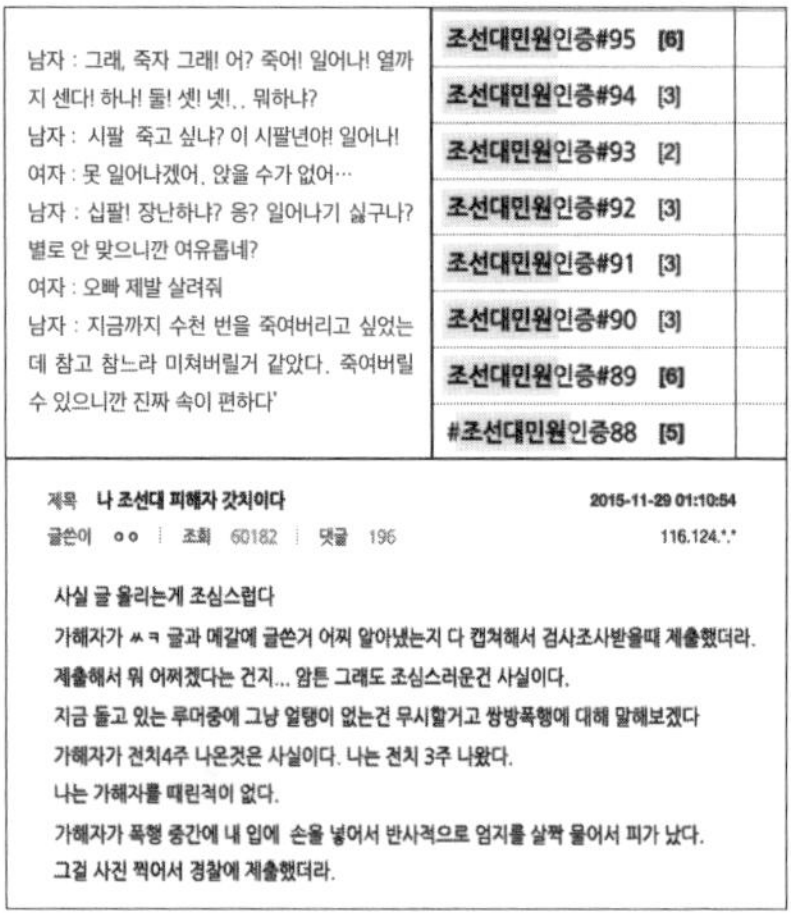

남자 : 그래, 죽자 그래! 어? 죽어! 일어나! 열까지 센다! 하나! 둘! 셋! 넷!.. 뭐하냐?
남자 : 시팔 죽고 싶냐? 이 시팔년아! 일어나!
여자 : 못 일어나겠어. 앉을 수가 없어…
남자 : 십팔! 장난하냐? 응? 일어나기 싫구나? 별로 안 맞으니깐 여유롭네?
여자 : 오빠 제발 살려줘
남자 : 지금까지 수천 번을 죽여버리고 싶었는데 참고 참느라 미쳐버릴거 같았다. 죽여버릴 수 있으니깐 진짜 속이 편하다'

조선대민원인증#95 [6]
조선대민원인증#94 [3]
조선대민원인증#93 [2]
조선대민원인증#92 [3]
조선대민원인증#91 [3]
조선대민원인증#90 [3]
조선대민원인증#89 [6]
#조선대민원인증88 [5]

제목 나 조선대 피해자 갓치이다 2015-11-29 01:10:54
글쓴이 ㅇㅇ | 조회 60182 | 댓글 196 116.124.*.*

사실 글 올리는게 조심스럽다
가해자가 ㅆㅋ 글과 메갈에 글쓴거 어찌 알아냈는지 다 캡쳐해서 검사조사받을때 제출했더라.
제출해서 뭐 어쩌겠다는 건지... 암튼 그래도 조심스러운건 사실이다.
지금 돌고 있는 루머중에 그냥 얼탱이 없는건 무시할거고 쌍방폭행에 대해 말해보겠다
가해자가 전치4주 나온것은 사실이다. 나는 전치 3주 나왔다.
나는 가해자를 때린적이 없다.
가해자가 폭행 중간에 내 입에 손을 넣어서 반사적으로 엄지를 살짝 물어서 피가 났다.
그걸 사진 찍어서 경찰에 제출했더라.

2015 – 12 December

03 **マインドCのマスクパック不買**

メガリアではウェブ漫画家マインドCによる女性嫌悪的な『江南美人《カンナム》』と

いう作品を批判した。これに対しマインドCは2015年11月1日、自身のブログでメガリア会員たちを告訴すると公表し、一度に30名を侮辱罪で告訴した。以降マインドCが女性向けにマスクパック商品を発売したため女性たちがさらに怒り、不買運動を展開したが、不買運動を広げた100名あまりもマインドCに告訴された（第1章「すべては告訴から始まった」参照）。

04 フェミニズム図書をリクエストする図書館プロジェクト

04 韓国の女性嫌悪文化を知らせるYouTubeプロジェクト開始

11月29日にチームを募集し、12月4日に公式チャンネルを開設した。女性嫌悪に関するニュースを英語、中国語、日本語、フランス語、スペイン語に翻訳し、動画を制作した。

現在はYouTubeによってアカウントを削除されている。

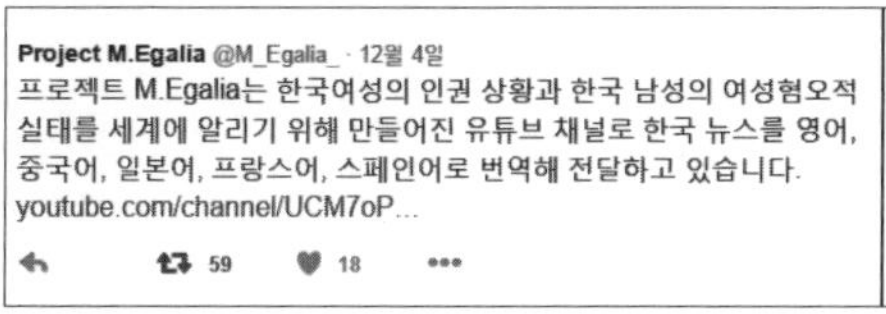

05 「天下一わきまえ女大会」

5日から14日までメガリアサイトを通じてハッシュタグ「#私はわきまえ女だった」を通し、女性への偏見と抑圧をどう克服したかの事例を公募するキャンペーンを開催した。

06 「糞穴虫」論戦始まる

メガリア運営者が、「糞穴虫」という用語は性的少数者嫌悪発言であるため使用を禁止すると発表し、ユーザーたちの強い反発を呼んだ。

（第1章 「すべては告訴から始まった」、第6章「活動家は生まれるのではない、つくられるのだ」、単語辞典参照）

07 江南《カンナム》駅にモルカ根絶広告設置

11月26日から広告アイデアを募集し、設置後は男性たちの抗議を受けて広告は降ろされたが、女性ネットユーザーたちが趣旨を説明し再び陳情。

結局広告内のメガリアのロゴだけを消して設置された。

写真右：「モルカ、撮らせないでください」の「せ」にバッテン

26 SBSテレビ「それが知りたい」で
「危険な招待客 —— ソラネットはなぜ怪物になったのか」放送

メガリアはソラネットの問題を知らせるため、放送局に情報提供をし続けた。11月14日の事件以降、問題が広く知られるようになり、「それが知りたい」制作チームはメガリアのソラネット閉鎖プロジェクトチームにインタビューした。インタビューを受けた女性のうち何人かはネットで身元が明かされ、男性たちから攻撃を受けた。

2016 – 1 January

22 Daum《ダウム》臨時避難所開設とウォーマドの誕生

WOMAD

運営者の発表に対するユーザーたちの反発で、メガリアとセーブ・メガリアの運営者の身元が明かされたが、すでにDaumカフェ臨時避難所へ移動したユーザーたちが多く、以前ほど攻撃に加わる者はいなかった。天気予報コメント欄の浄化運動、ベストを取った投稿、数々のルールなど、メガリアの文化が消え始めてしまう。以降ポータルサイトDaumにメガリアの「臨時避難所」が作られ、新たなサイト開設についての議論が起こった。新し

いサイトの名前は投票によって「ウォーマド」と決まった。（第１章「すべては告訴から始まった」、第６章「活動家は生まれるのではない、つくられるのだ」参照）

2016 – 4 April

01 **ソラネット閉鎖**

午前０時48分、ソウル地方警察庁は国際協力捜査に取りかかり、ソラネットのメインサーバーを押収、捜索し閉鎖措置を取った。

07 **ディオール「歓楽街でブランドバッグを持つ女性」写真展示に抗議**

2016 – 5 May

17 **江南駅10番出口殺人事件**

午前１時７分、江南駅10番出口近くのカラオケ店にある男女共用トイレで、男性が女性を凶器で殺害する事件が起こった。加害者男性は殺害場所のトイレ近くで１時間あまり待ち伏せし、その間６人の男性がトイレを利用し出て行った後、トイレに入って行った女性を無惨に殺害したと判明した。多くの女性たちが驚きと恐怖に震える中、メディアはこれを「無差別」殺人として報じ波紋を呼んだ。

21 **江南駅10番出口追悼集会**

ウォーマドとその他オンラインカフェユーザーたちを主軸として、江南駅10番出口で殺害された女性のため、全国で自発的に追悼の場が設けられた。韓国社会の女性嫌悪殺人を広く知らせる重要な契機となった。（第３章「怒りは我が力、オンラインの魔女狩りに立ち向かう」参照）

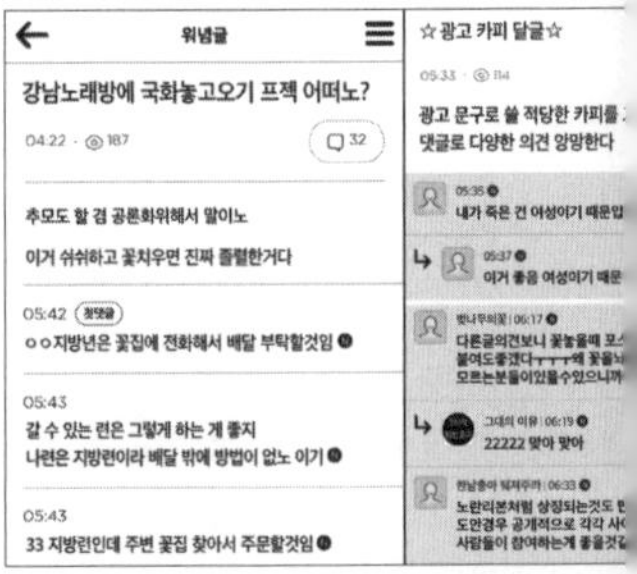

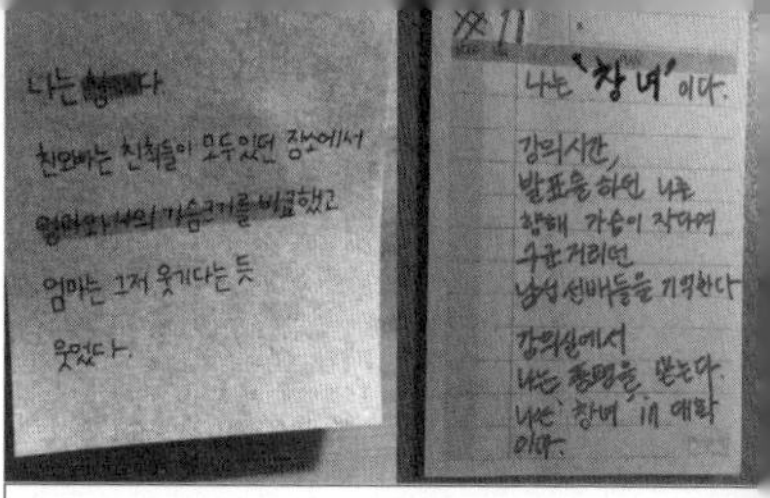

#006

나는 "창녀"다

대학생이었지만, 학과술자리에서 남선배들은 굳이 내게 "교수님 기분을 위해 니가 술을 따라드려라" 라고 했다.

2016 – 6 June

19 **上司タンブラー不凍液混入事件**
（ダブルスタンダード問題）

男性上司のタンブラーに不凍液（自動車エンジン冷却水の凍結を防ぐ溶剤）を入れたという投稿がウォーマドに上がるや否や、検察と警察は押収捜索に着手したものの、別段の処罰もなく捜査は終了した。各種女性嫌悪サイトのレイプ共謀の投稿、犯罪を実行したという投稿に対する当局の反応と比較すると、女性に対してばかり厳しく適用される法のダブルスタンダードが確認できる。

29 **「＃私は娼婦だ」プロジェクト**

すべての女性が娼婦となり得る、として聖女・娼婦の二分化を打破しようとするプロジェクト。ウォーマドで始まりフェイスブック、ツイッターなどのSNS上で広がっていった。

2016 – 7 July

03 **ナプキン貼りパフォーマンス**

生理用ナプキンの価格を下げることを求め、また月経に対する偏見を改めるためのパフォーマンスを繰り広げた。

17 **モルカ根絶と性犯罪捜査ダブルスタンダード糾弾デモ**
（ソウル市庁）

ソラネット捜査着手には17年かかっても、地下鉄妊婦優先席に座った男を隠し撮り・公開した「オメガパッチ」（「オメガ」はフィクション作品内の妊娠できる男性、「パッチ」はディスパッチ dispatch（処刑する）、合わせて妊婦優先席にあえて座る男を隠し撮りして公開する人）の捜査着手には7日しかかからなかったことを契機に起きたデモ。「性別に関係なく公正な捜査・処罰を」「モルカ制作・流通根絶」を叫んだ。

22–25 **ネクソン社声優出演中止に抗議するデモ（板橋《バンギョ》のネクソン社屋前にて）**

フェイスブックコリアのダブルスタンダード規定を告発するため、フェイ

スブックのメガリアページでクラウドファンディングをし、総額1億3400万ウォンを超える後援金が集まった。ネクソン社制作のゲームに出演した女性声優がこのクラウドファンディングのTシャツを買ってオンラインにアップすると、韓国男性たちがその声優の出演を取りやめろと強く抗議し、結局出演中止となった。このようなネクソン社の対処に抗議し、この声優を支持する発言をしたウェブ漫画業界、声優業界などの多くの人々が職場から解雇されるなどの抑圧を受けた。この件の後、フェミニズムのグッズを実名でネットに上げることを恐れる女性たちが増えた。また、デモに参加した男性が女性を差し置いてメディアのインタビューを受けたり、差し入れを勝手に食べることから、メガリア、ウォーマドのデモには男性を連れた女性もデモに参加させず、女性のみ参加できるルールとなった。

左:インターネットコミュニティキャプチャー/右:ツイッターキャプチャー

30 **モルカ根絶と性犯罪捜査ダブルスタンダード糾弾デモ2**(釜山·西面《ソミョン》にて)

2016 – 8 August

27-**28** **性犯罪処罰特例法改正案反対デモ**(恵化《ヘファ》駅·マロニエ公園)

「軽微な性犯罪者を個人情報登録対象から除外する」[訳注・韓国では性犯罪の前科がある者の個人情報が公開されている]という特例法改正案に反対するデモ。改正案でいうところの「軽微な性犯罪」とは、隠し撮り、児童・青少年淫乱物配布、性的な目的での公共施設侵入、通信媒体を利用した淫乱罪など、「軽微」とはいえない項目であった。

2016 – 9 September

10 **警察の公正な捜査を促すデモ**（仁寺洞《インサドン》）
女性たちはメガルパッチ［訳注・メガリアユーザーの身元を特定し公開するアカウントや人のこと］やSNSでの猥褻物投稿などを警察に通報してきたが、警察は「海外サーバーだから捜査が難しい」として捜査しなかった。しかし韓男パッチと江南パッチの運営者が警察に検挙され、警察の捜査が性別によって不公平に行われていることが明らかになった。これに対し公正な捜査をうながすデモが仁寺洞で行われた。

2016 – 10 October

23 **ウォーマド主催・第一次妊娠中断合法化デモ**（光化門駅）
ウォーマド翻訳チームは「妊娠可能地図」［訳注・国が作成した、妊娠可能な女性の数を地域別に示した地図］、薬物を用いたレイプ、ホン・ジュンピョ自由韓国党代表の興奮剤発言［訳注・学生時代に薬物を用いたレイプを共謀したと告白］、男性教授のセクシュアル・ハラスメントなど、韓国社会の女性嫌悪と女性の体に加えられる暴力を海外メディアに情報提供し、報道されるよう活動してきた。その結果妊娠中断［訳注・メガリア・ウォーマドで「堕胎」の代わりに使う言葉］合法化のためのウォーマドデモが海外メディアでも取り上げられるようになる。以降、明洞《ミョンドン》や江南駅10番出口、釜山《プサン》の西面、弘大の「コッコシプン（歩きたい）通り」などで11の街頭デモを行い、12月24日には江南駅10番出口で第2次署名運動を行った。

2016 – 11 November

05 **妊娠中断合法化署名運動**（江南駅）

10 **妊娠中断合法化デモチーム「BWAVE」誕生**

12 **キャンドルデモにおける女性嫌悪問題を公論化**
「私が光化門に出て行けない理由」というタイトルの投稿がウォーマドに上がった。18日には淑明《スンミョン》女子大学に大字報（張り紙）も貼られ、キャンドルデモでの女性嫌悪問題が本格的に公論化される契機となった。

2017 – 1 January

06 BWAVE「『妊娠可能女性』という呼び方を拒否する」デモ
(鍾路《チョンノ》区、政府総合庁舎前))

08 第5次妊娠中断合法化デモ開催(江南駅10番出口)

2017 – 2 February

07 **ウォーマドサイト(womad.me)開設**

臨時避難所形態で転々としていたウォーマドのユーザーたちは、サイト開設のための募金運動で二度の挫折を経験した。一度目は集まったサイト開設基金を運営者が私的に使用したことが明らかになり、運営陣が交代されたこと。二度目はその後開設されたサイトがウイルス攻撃によってアクセスできず、数日でサイトを閉鎖せざるを得なかったことだ。その後作られたサイトがまさにwomad.meである。

14 **男湯隠し撮り警察捜査(ダブルスタンダード問題)**

「男湯隠し撮り」という投稿が何度かウォーマドに上がった。すべてネットで拾った画像を使用したものであったが、2月14日に警察捜査が始まった。ウォーマドとソラネットはどちらも海外基盤のサイトだが、捜査着手の速度を比較すると、韓国司法権のダブルスタンダードを確認することができる(第3章「怒りは我が力、オンラインの魔女狩りに立ち向かう」参照)。

2017 – 3 March

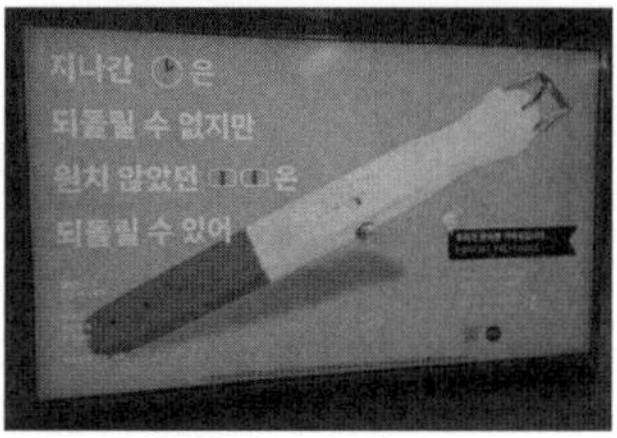

写真　「BWAVE」

07 BWAVE、江南駅と弘大駅に妊娠中断合法化広告掲示

2017 – 4 April

23 BWAVE、妊娠中断合法化ピクニック開催（汝《ヨ》矣《イ》ナル駅）

2017 – 5 May

13 男性嫌悪YouTuber登場

2017 – 6 June

12 **Kトゥーン連載漫画「選ばれたお嬢さん」廃止プロジェクト**

レイプ、女性虐待を娯楽的に描写したウェブ漫画「選ばれたお嬢さん」の問題を関連機関に陳情、抗議。連載中止にはならなかったが、休載の後、2回の連載で急に完結した。

2017 – 7 July

17 **ウォーマドウィキ（http://www.wikidok.net/Info/Search?w=%EC%9B%8C%EB%A7%88%EB%93%9C）開設**

20 **オス猫虐待事件（ダブルスタンダード問題）**

「オス猫の首を絞めている」という写真がウォーマドに上がり、24時間もしないうちにメディアで記事になった。まもなくウォーマドは動物愛護団体をはじめあらゆる人々の非難の的となった。その間フェミニストたちはフェイスブックとツイッターで、男性向けサイトに上がる獣姦記事や軍隊で残飯を食べる猫に対する虐待など、男たちの動物虐待事例を紹介した。男性向けサイト発の動物虐待記事は猫の首を絞めることと比較にならないほど残酷だったにもかかわらず一度も注目されず、「猫を虐待している」というウォーマドの投稿記事だけが早々に炎上したことで、韓国社会のダブルスタンダードが明らかになった。ところで当のウォーマドに上げられた投稿は、実際は猫に目薬をさしているだけの写真だった。

2017 – 8 August

06 **「ワックス男の女性嫌悪殺人」公論化デモ**（江南駅10番出口）

ウォーマド発の複数のツイッターアカウントが「#ワックス脱毛女性嫌悪殺人事件」［訳注・30代男性がワックス脱毛サロンに強盗に入り、店主をレイプ未遂・殺害した。この犯行のきっかけは男性YouTuberによるサロン利用中継動画だった］というハッシュタグ運動を開始、公論化に成功し、このためのデモを行った。

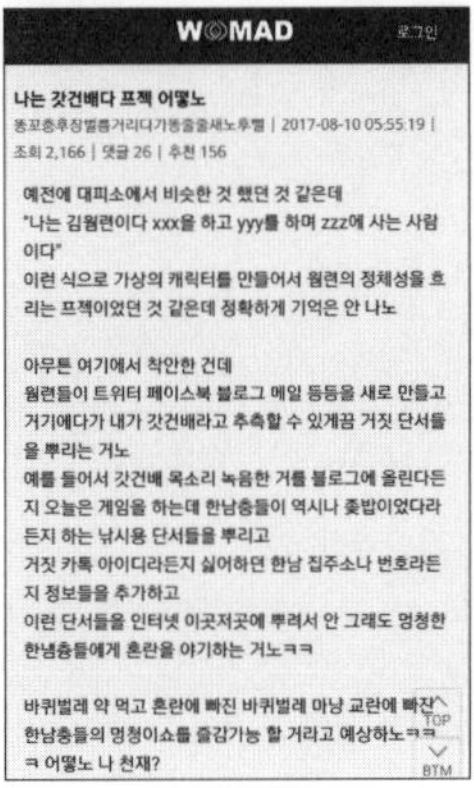

10 **「#私がゴッドガンペアだ　プロジェクト」開始**

男性嫌悪YouTuber「ゴッドガンペア」を、ある男性BJ［訳注・オンライン放送プラットフォームで活動する放送人］が「殺してやる」と脅迫する発言をした。これに対してウォーマドを中心に「#私がゴッドガンペアだ」ハッシュタグ運動が始まった。

20 **韓国女性嫌悪コンテンツ反対デモ**（江南駅10番出口）

YouTuber「ゴッドガンペア」殺害脅迫の件が罰金5万ウォンで済んでしまったことを受け、YouTubeが彼を黙認し、女性YouTuberたちに自主規制を強いたことに対して抗議デモを行った。

2017 – 9 September

23 **豪州《ホジュ》国子《グクチャ》事件**（ダブルスタンダード問題）

ウォーマドに上がった「オーストラリアの子どもをレイプ」という投稿主が「豪州国子」という女性YouTuberだという噂が流れ、警察が捜査に乗り出した。しかし創作であるという証拠が続々と出てきて、さらにその投稿が上げられた当時、「豪州国子」はYouTubeライブ配信中だったことも確認された。それにもかかわらず韓国男性たちとオーストラリア出身の芸能人サム・ハミントンはオーストラリア警察に事件を通報し、「豪州国子」はオーストラ

リア警察の捜査を受けることになった。現在は裁判の開廷が延期されている状態で、ウォーマドは弁護士費用を募金して送った。

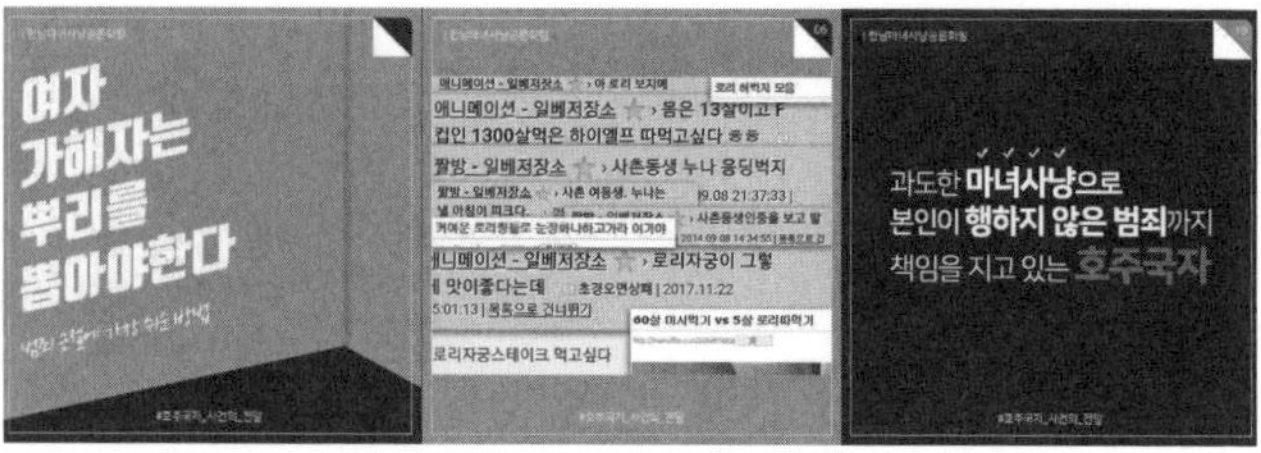

写真　ツイッターより、韓国男性による魔女狩り公論化

2017 – 11 November

16 **ウォーマドサイトの一部ユーザー、レディットへ移動**

ウォーマドサイトの一部ユーザーが「レディット」というアメリカのソーシャルニュースウェブサイトへ移動しウォーマド掲示板を作った。しかし1月26日、レディットから一方的に掲示板を削除された。

2018 – 1 January

13 **堤川《チェチョン》火災の真相究明を求めるデモ**

堤川での火災［訳注・スポーツセンターで火災が起きたが、女性用サウナ利用者には火災が起きていることが十分に知らされず、29名の死者のうち20名は女性だった］当時、女性たちが大勢犠牲になったことについて、災害発生と対処時の女性差別の構造的な問題を指摘し、これに対してしっかりと調査するよう求めた。

2018-5 May

01 **ウォーマドに弘益大学ヌードモデル男性写真流出**（ダブルスタンダード問題）

警察は事件発生４日後の６月５日に正式な捜査に突入。12日には加害者を逮捕し記者たちの前に立たせた。ソウルはもちろんあらゆる地域、公営／ケーブルの各メディアが速報などで報道した。

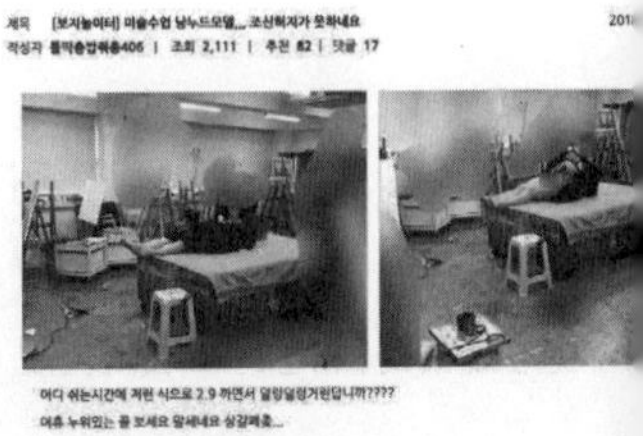

19 **違法撮影ダブルスタンダード捜査糾弾・第１次デモ**（恵化駅）

先の事件の流れに怒った約１万5000名の生物学的女性たちが参加。「同一犯罪、同一捜査、同一人権」を主張し「ペニスがあれば無罪、なければ有罪」「女性が被害者ならポルノサイト１位、男性が被害者ならニュースサイト１位」等、批判の声をあげた。

2018-6 June

06 **違法撮影ダブルスタンダード捜査糾弾・第２次デモ**（恵化駅）

デモ参加者は約４万5000名あまりを超えた。パフォーマンス、剃髪式、声明発表などのプログラムが組まれた。

単語辞典

メガリア ― ウォーマド

メガリアとウォーマドに初めてアクセスした人々が共通して苦労させられること。それはまさに彼女たちの言葉をまったく理解できないことだ。韓国語ではあるが、意味がわからない隠語、複数の意味がこめられた言葉には不慣れだし、例えば文末に「ノ」をつける言葉づかいや表現にどのような意味や意図があるのか把握もできず、サイトに掲示された投稿一つ読むのも容易ではない。これがメガリアとウォーマドへのアクセス自体をためらわせる結果を生んだ。そこでメガリアから出発しウォーマドにつながるオンライン・ニュー・フェミニストたちの言語を理解するため、この単語辞典を作ったのである。

新しいオンライン言語はメガリアとウォーマドだけの文化ではない。オンラインの言語は随時生じては変化し、消えていく生き物である。オンラインフェミニストたちは男性を中心とした枠組みを変えるため、フェミニズム的な新しい言葉を提案し、使用し続けている。ここで紹介する用語はメガリア時代とウォーマド初期まで使われたものだ。一見すると過激で暴力的に感じられるかもしれない。それはオンライン文化で作られた言葉だからという理由もあるが、大部分がイルベ(「日刊ベスト」)などで使われてきた女性嫌悪表現をミラーリングしたためである。その点を考慮して読むと、この単語辞典は面白い付録であると同時に、情報価値の高い資料ともなるはずだ。

—— 編集者

赤い薬を飲む（**빨간약을 먹다 パルガニャグル モクタ**）
女性をとりまく問題に覚醒したことを指す。映画「マトリックス」に由来する表現で、赤い薬は苦痛に満ちた真実と向き合い問題を解決できる鍵を探すよう手助けしてくれ、青い薬は苦痛のない偽りの世界へと導く。（「覚醒」の項参照）

〜イギヤノ（**-이기야노**）
「〜ノ」とともに、イルベの言葉づかいである「イギヤ」を積極的に使っている。（「〜ノ」の項参照）

異種おやじ（**이종아재 イジョンアジェ**）
「異種格闘技（이종격투기 イジョンキョクトゥギ）」というDaum《ダウム》の掲示板を利用する男性を指す。男性向けオンラインコミュニティを低俗な響きに交えて呼ぶことによって、そのユーザーであることに羞恥心を覚えさせようという意図を込めている。主に年代の高い男性たちが利用する異種格闘技を「臨終カフェ（임종카페 イムジョンカペ）」「半死体（세미시체 セミシチェ）」などと呼び、このような例としてゲームコミュニティのドータックス（DOTAX 도탁스）を「トンタックス（똥탁스 糞タックス）」またはチョッチャクス（좆작스 チンコタックス）、サッカーコミュニティのアイ・ライク・サッカー（略称알락사 アルラクサ）を安楽死（안락사 アルラクサ）などと呼ぶ。

ウォ推（**워추 ウォチュ**）、**ㅇㅊ**（**ウチュ**）
「ウォーマド推薦」の略。よい投稿に「ウォ推」コメントをつけ、一定数の「いいね」がつくと「わきまえ記事（개념글 ケニョムグル）、ウォきまえ記事（워념글 ウォニョムグル）」となり、ベスト掲示板に移されていく。メガリアの場合、「メ推（메추 メチュ）」と「メきまえ（매념 メニョム）」と言われた。

ウォムリョン（**웜련**）
ウォーマドユーザーたちが自らを指していう言葉で、「ガッチ」（後述）のようなニュアンスで使う。

ウッシギ（**웃식이 ウッシギ 웃 ウッ＝「今日のユーモア」の略、식이 シギは男性名のような響き**）
「今日のユーモア」掲示板ユーザーまたはDCインサイド掲示板ユーザーを指す言葉として始まったが、現在は女性嫌悪的な男性ネットユーザーの俗称として使われている。

ウッチェン（**웃챙**）
「笑いが娼夫（웃음 창놈 ウスム チャンノム）」や「笑いがだだ漏れ（웃음 헤픔 ウスム ヘプム）」の略。「非常に可笑しい」という意味で使われる。

ウンジ男（**운지남 ウンジナム**）
非常識な運転（韓国語で「ウンジョン」）をする男。イルベで盧武鉉元大統領の死を侮辱的に表現した「ウンジ（霊芝《れいし》。霊芝の健康食品のパッケージに崖の

写真が使われているため、元大統領の自死の現場と重ねている)」の意味だけを変えた。

うんわか虫、うんうん虫(**응알충, 응응충 ウンアルチュン、ウンウンチュン**)
「うんうんわかりましたよ〜」が由来。女性が自分の考えを述べると、面倒くさがってその場をやりすごそうとする韓国男性を表現する。「ごめん、わかった、もういいだろ?」というように、女性の正当な指摘や言及に対し簡単に答えて避けようとする男性たちを指している。

エンだよ、エン(**앵나온다 앵 エンナオンダ エン**)
有名なゲイ動画に出てきた表現。主にしんどい、悲しいという脈絡で使われるが正確に定まってはいない。男性間のセックスにおいて女性性器嫌悪と女性嫌悪が発生することを教える動画から、多くの流行語(〜힘조!「ヒムジョ、がんば!」、소리가 쩌근데?「声がちっちゃいぞ?」)が誕生した。

応急避妊薬(**응급피임약 ウングプピイムヤク**)
「事後避妊薬」の正しい表現として推奨される。

オウッ(**오윾**)
「今日のユーモア(오늘 유머 オヌレユモ、略して오유 オユ)」という男性サイト。ㅠとㅠの形が似ているため書き替えたもの。ある単語の文字を形が似ている他の文字に変えて書く野民正音(야민정음 ヤミンジョンウム「言葉遊び」の意。「ハングル」の正式名称である「訓民正音」のもじり)を活用した言葉。イルベユーザーが極右ならオユはリベラル派のコミュニティだが、どちらも女性嫌悪が酷い集団である。オユの男たちはイルベの保守性を極度に嫌悪するが、女性嫌悪となるとイルベと「男性連帯」して同じ声を上げる。「女性運動に進歩/保守という政治的枠組みは必要ない」というウォーマドの政治性は、まさにこのようなベタベタとした男性連帯への対抗として現れた。「イルベ:おまえの母ちゃん売春婦 オユ:あなたの母上は売春婦です」という冗談があるほど、言葉づかいが違うだけで女性嫌悪レベルは同じである。

オフィ虫(**オフィステル=事務所兼住居で買春する男を指す**)、**汚物男**(**오피충, 오물남 オピチュン、オムルナム**)
買春男(성매수남 ソンメスナム 性買収男)を否定的語感で表現するため考案された言葉。

オメガ(**오메가**)
地下鉄の妊婦用座席に座る男性を指す。オンラインフィクション文学の世界観において、「オメガ種」の男性は妊娠が可能である。類語:妊娠雄(임신수 イムシンス。男性同性愛文学の世界観で妊娠が可能な男を指す)

思わずクリ（トリス）をポンと打ちます（클리를 탁 치고 갑니다 クルリルル タク チゴ カムニダ）

印象的な記事を見てハッとしたとき「思わず膝をポンと打ちます（무릎을 탁 치고 갑니다 ムルプル タク チゴ カムニダ）」という表現を使うが、これを女性中心的に変えたもの。類語：「思わずブラひもをパチンと弾きます（브라끈을 탁 치고 갑니다 プラックヌル タク チゴ カムニダ）」

かかしおやじ（허수애비 ホスエビ）

親としての役割と配偶者としての責務をまっとうしない父親と夫のこと。彼らは女性に対してワンオペ育児、ワンオペ教育、ワンオペ家事など、家庭を維持するためのすべての責任を押しつけ、ひどい場合は経済活動もしない。

覚醒（각성 カクソン）

女性が自ら抑圧されている現実を悟ったときに使う。女性を対象に「啓蒙」するという表現に対抗している。

ガスライティング

状況を操作し、被害者が加害者であるかのように思わせたり、相手に自信を失わせて心理的に支配するという意味の心理学用語。語源はヒッチコックの映画『ガス燈』。性暴力事件が社会問題化され始めると、被害女性のほうから誘ったのだろうと責めたり、事件そのものを些細なこととしてすませようとする動きを指摘している。同時に日常生活のあちこちに染み込んでいる文化が、まさに個々の女性たちをガスライティングしている事例も告発している。

ガッチ（갓치 god치 カッチ）

コルセットにはめ込まれない堂々とした女性。「キムチ女（김치녀 キムチニョ）」から「女（녀 ニョ）」を取り、「キム（김）」の代わりに「神」を意味する「ガッ（갓 カッ god）」を付けて作った単語。

彼、彼男（그,그남 ク、クナム）

英語のsheにあたる彼女を「彼」と表現し、heを「彼男」と翻訳する。女性を中心に置いて男性を相対化する表現。

彼氏の悪行、彼氏の暴力（남친 행패,남친 폭력 ナムチン ヘンペ、ナムチン ポンニョク）

デートDVの加害者をはっきりさせた表現。

完経《かんけい》（완경 ワンギョン）

「閉経」の代わりに推奨される表現。

観《かん》チャ（관잦 クァンジャッ）

「観淫チャジ（관음자지 クァヌムジャジ。チャジ／ジャジは男性器の俗称）」の略。女性オンラインコミュニティの内部に侵入し、女性たちのやりとりを覗き見て外部に流出させたり、身元を暴く男性。

吸引セックス（**흡입섹스 フビプセクス**）

「挿入セックス」に対抗する言葉で、女性と男性の性関係を男性性器を中心にして表現せず、女性の性器を中心に表現しようという意図を込めている。

糞穴虫《くそあなむし》（**똥꼬충 トンッコチュン**）

メガリアとウォーマドの分離に決定的な役割を果たした単語として、ウォーマドウィキにはゲイ男性を貶めて呼ぶ言葉と登録されている。フェミウィキには「糞穴虫」という単語自体は登録されておらず［現在は登録されている］、メガリアとウォーマドの分離過程における性的少数者嫌悪論争を説明するためだけに記載されている。むしろナムウィキ（韓国の主要ウィキサイト。「ナム 나무」は「木」の意）に詳しく記載されているが、DCインサイドやイルベなどのオンラインコミュニティ、「今日のユーモア」などのフェイスブックページで主に使用されると記載されている。これは「糞穴虫」という単語自体がメガリアやウォーマドで始まったものではなく、男性向けオンラインコミュニティで始まったことを示している。この単語はこの本の筆者たちの記事でも何度か言及されている。

クソキムチ男（**씹치남 ッシプチナム**）

ニュースで「〇〇女」と性別を強調するように、男性であることを強調した言葉。「씹（ッシプ。本来女性器または性交を指す卑俗語）」が女性嫌悪的な語源であるとして今はほとんど使用されず、新しい言葉が提案されている。

口《くち》**フェミ**（**입페미 イプペミ**）

実際には何の努力も実践もしておらず、口先だけでフェミニズムを唱える男性を批判する言葉。

クリ友（**클리친구 クルリチング**）

「タマ友（부랄친구 プラルチング）」の対抗語。［男同士の友情こそ本物、という固定観念に対抗している］

グリーンイルベ（**그린일베 クリニルベ**）

緑のイルベ。NAVER《ネイバー》［オンライン検索ポータルサイト。緑色を基調としたデザイン］を指す言葉。ニュース掲示板に女性嫌悪コメントが多いことに由来。イルベ（일베）は、「日刊（イルガン）ベスト」の略。右翼的で女性嫌悪表現の溢れる有名な匿名掲示板サイト。NAVERは女性嫌悪コンテンツを数十年来放置してきたが、メガリア／ウォーマドのミラーリングコメントは即刻削除処置するというダブルスタンダードを示したためこう呼ばれるようになった。

軍オウム（**군무새 クンムセ**）

ジェンダー平等の話題が出るといつでも「女も軍隊に行け」とばかりオウム（앵무새 エンムセ）のように繰り返す男たち。

クンムグンム（軍務軍務 군무군무 クンムグンム）

「軍オウム」（前項参照）が軍隊服務を大げさに話し、女性の生きづらさを主張させまいとする様子を指す。副詞としても使われ、「ノム（너무 あまりに）」「ノムノム（めちゃくちゃ）」の代わりとして使用。例：「今日の天気はクンムグンム暑いな」は「今日の天気はめちゃくちゃ暑いな」を意味する。

ゲ動（게동 ケドン）

ゲイ動画（게이동영상 ケイドンヨンサン）の略。

睾丸チリンチリン（부랄딸랑 プラルッタルラン）

睾丸を鈴のように鳴らして男がへつらう姿を表現。

戸籍メイト（호적메이트 ホジョクメイトゥ）

きょうだい関係の家族を表現する言葉。

コチュンクッキー（꼬춘쿠키 ッコッチュンクキ）

フォーチュンクッキーに由来する言葉で「むいてみたら小さい」という意味。「コチュ」は唐辛子で、男性器を指す隠語。

コルセット（코르셋 コルセッ）

女性に対し差別的に要求されている各種の義務、そして女性が女性嫌悪や差別に慣らされ抑圧に順応している状態、またはそんな状態にある女性を指す言葉。元は後者を「コルセット女（코르셋녀 コルセンニョ）」と呼んだが、コルセットは女性たちにだけ強要されているため、わざわざ「女」をつけずに使用する。

化粧、ダイエット、整形などのようなものを外見コルセット（외모코르셋 ウェモコルセッ）と言い、女性はいつでも親切で柔和でなければならず礼儀や道理、規則を守らねばならないとみなすことを道徳コルセット（도덕코르셋 トドクコルセッ）と言う。このような女性抑圧から抜け出す行為を「コルセットを脱ぐ（코르셋을 벗다 コルセスル ポッタ）」と表現する。

婚家問題（葛藤）（시집갈등 シジプカルドゥン）

嫁姑問題（葛藤）の代わりに推奨される表現。姑と嫁の問題という表現は家父長制の矛盾を女性個人間の葛藤として置き換える意図があると見て、家父長制という制度自体に焦点を当てるために作られた言葉。

6.9（シックスナイン）

韓国男性の性器の長さの平均。体位としての「69」の意味を覆して、韓国男性をあざ笑うために使用している。引用符（“”）の代わりに「66 99」「6 9」を使う。6.9のように小さな性器の韓国男性たちを哀悼するため6月9日を六九節または小唐節［小さい唐辛子。唐辛子は男性器の隠語］とする。

視線レイプ
男性たちが女性たちの体をじろじろと見る行為を説明する言葉。

出生（**출생 チュルセン**）
出産の代わりに推奨される表現。

出生率（**출생률 チュルセンニュル**）
出産率の代わりに推奨される表現。

小児性倒錯（**소아성도착 ソアソンドチャク**）
ペドフィリア（pedophilia）を「小児性愛」と翻訳するが、これに反対して小児に対して性的に関心を持つことは異常性欲だという意味で倒錯症という言葉を使う。男性たちが「小児性愛」を同性愛と同列に扱い、単に一つの性的指向に過ぎないかのように主張するため、積極的に代替語を作って使用している。

小唐小心（**소추소심 ソチュソシム**）
唐辛子（고추 コチュ。男性器の隠語）が小さいほど人間としての器も小さいという意味。胸の小さい女性をおとしめる女性嫌悪表現「小胸小心（소슴소심 ソスムソシム）」に対抗している。

女嫌屋《じょけんや》（**여혐러 ヨヒョムロ**）
女性嫌悪者。度を越して女性嫌悪的な認識を持ち、女性嫌悪的な発言をする男性を指す。

上女子《じょうじょし》（**상여자 サンヨジャ**）
堂々として知性、能力などを備えた女性を称賛する言葉。「ガッチ」のような女性をいう。（「ガッチ」の項参照）

上廃男《じょうはいおとこ》（**상폐남 サンペナム**）
市場で株式上場が廃止されるほど年老いた男。男性が女性の年齢を「上場廃止」「クリスマスケーキ」と当てこすることに対抗した言葉。

女児虐殺（**여아학살 ヨアハクサル**）
「女児堕胎」よりも正確な表現として推奨される。

スピーカー男（**스피커남 スピコナム**）
女性たちがずっと言い続けてきた論理を復唱したにすぎないのに、ただ男だからという理由でスポットライトを浴びる男。

性者（**성자 ソンジャ**）
性産業被害者の略。「チャンニョ（창녀 娼婦）」という単語が持つ否定的語感を「ソンジャ」という肯定的な語感に変える意図がある。性産業労働者の略だと誤解されることが多いが、ウォーマドはセックスワーク論に反対しており、性産業の女性たちを性労働者とは呼ばない。ウォーマドが性労働者という言葉を使うことに反対するため、「娼婦嫌悪だ」という汚名を着せられることもあるが、実際ウォーマドにはソンジャたちが多く、性産業の現場から内部告発をする記事が頻繁に投稿されている。女性たちが性売買の実態を把握

し、ソンジャたちの生活と苦悩を理解し、女性として連帯する重要な場となっている。現在セックスワーク論にもっとも大きく、断固として批判の声を上げている女性グループがまさにウォーマドである。

性的不快感（성적 불쾌감 ソンジョク プルクェガム）
「性的羞恥心」に対抗して推奨される表現。

精虫（정충 チョンチュン）
「精子」の否定的な表現。

たれチン（처자 チョジャ）
たれた（처진 チョジン）チンコ（자지 チャジ）。男性たちが女性のたれた胸を嘲弄することをミラーリングした表現。また男性たちが女性たちを呼ぶ「妻子 チョジャ」など、人間としての女性を否定する呼び方を拒否し意味を転覆させるためのミラーリング。

男嫌《だんけん》（남혐 ナミョム）
「男性嫌悪（남성혐오 ナムソンヒョモ）」の略。メガリアではミラーリングによって男性の女性嫌悪が原本であることを強調するが、ウォーマドでは堂々と男性嫌悪をする。

チャ〜（자-）
男性の性器（자지 チャジ）を略した接頭語で、男性たちが女性の性器をおとしめるときに使う「〜ポ／ボ(-보)」という女性嫌悪的な表現をミラーリングしている。

チャ鹿（자라니 チャラニ）
チャジ（자지 男性器）＋鹿（고라니 コラニ、キバノロ、大鹿）。鹿が突然道路に飛び出して運転者を驚かせるように、高速道路で急に走り出して事故を起こす男性運転手を指す。オンラインを通じて男性たちが女性たちの事故映像で自慰をし、事故にあった女性を「ポ鹿（보라니 ポラニ。보지 ポジ 女性器＋고라니 コラニ 鹿）」と呼ぶことに対抗する単語。

チャジベ（자집애）
ケジベ（계집애「小娘」のような意味。女性を見下した表現）をミラーリングした表現。

チャ臭（자릉내 チャルンネ）
チャジ（자지 男性器）からの悪臭（구린내 クリンネ）を指す言葉。主に男性たちの言葉づかいに「チャ臭がする」という表現を多く使う。

チャ節介（자지랖 チャジラプ）
お節介（오지랖 オジラプ）の男性形（チャジ 자지 男性器＋오지랖 オジラプ）。男性たちが特に必要ない状況でも意見を披瀝するため。

チャトリックス（자트릭스 チャトリクス）
男性器（자지 チャジ）＋マトリックス。男性が女性を搾取するために作った社会構造を指す。映画『マト

リックス』に由来。

チャドゥルチャドゥル（**자들자들 チャドゥルチャドゥル**）
男がぶるぶる（부들부들 プドゥルブドゥル）と怒りに震える様子をからかった表現。（자 チャは男性器を意味する자지 チャジから）

チョッ八戒（**좆팔계 チョッパルゲ**）
太っている韓国男性を指す言葉。チョッ（男性器）＋猪八戒《ちょはっかい》。

チョンナ／ポンナ（**좆나／봊나**）
ともに「すごく」の意だが、否定的な状況では「チョンナ」（チンコだ）、肯定的な状況では「ポンナ」（マンコだ）と言う。

チンコがパッと（**좆레벌떡 チョルレポルットク**）
男性が急に飛び上がるなどして反応する姿を表現。

チンコパス（**자지오패스 チャジオペス**）
チンコ＋サイコパス。共感能力が不足した男性たちは加害と被害の構図が明白な事件を見ても、女性被害者の状況より男性である自分の立場ばかり考え、男性加害者に感情移入する。「何をおいても女性嫌悪」の韓男虫（後述）を指す言葉。

チンコ蛇（**좆뱀 チョッペム**）
女性にまとわりついて利益を得ようとする男性。女性がよくしてくれればくれるほど依存し、本人がしていた仕事すら押しつけてしまう男性を指す。「花蛇（꽃뱀 コッペム 色仕掛けで男性を利用したり、陥れる女性）」をミラーリングした表現。

チンスプレイニング（**좆스플레인 チョッスプレイン**）
「マンスプレイニング」の類似語。まるで自分だけが知っているかのように女性に教えたがる男性の権威的な行動を指す言葉。

チンムウィキ（**좆무위키 チョンムウィキ**）
ナムウィキ（韓国のウェブ百科事典）のこと。チンコ＋ナムウィキ。男性たちが持論の論拠として愛用しているオンライン単語辞典で、男性たちが作ったため女性嫌悪的な部分が多く、事実関係がひどく歪曲されていることを表現した言葉。

ツイフェミ（**트페미 トゥペミ**）
ツイッターアカウントを中心に使っているオンラインフェミニスト。フェイスブックフェミニストは「フェフェミ（페페미 ペペミ）」と呼ぶ。

デカ肛門（**허벌후장 ホボルフジャン**）
「デカマンコ（허벌보지 ホボルポジ）」に対抗する言葉。ゲイの女性嫌悪文化を批判して使うようになった。これに類した「蜂の巣肛門」というイメージもある。

デフォルト
基本値、基本。重要な用例として「女性がデフォルトだ」という表現がある。メガリア／ウォーマドでは「女〜／〜女」のような女性を二等市民化する言葉の使用を禁止している。すべての名詞でデフォルトは女性であると考え、男性である場合に「男〜／〜男」をつけ「男医、男軍人、サンマ男（ケチな男）、大股開き男（電車の席などで股を広げて座る男）」のように使用。

時計男（**시계남 シゲナム**）
故障した時計がなぜか合うときがあるように、ときどき正常な発言をする男を言う。

肉の盾《たて》（**고기방패 コギバンペ**）
軍人である韓国男性を否定的に表現した単語。男性が女性の小陰唇の形と色を愚弄して「プルコギ」と表現することに対するミラーリング。類語：肉兵器。

肉兵器（**육병기 ユクピョンギ**）
「肉便器（육변기 ユクピョンギ）」のミラーリング。肉便器は女性の体を便器や精液受けとして表現する男性たちの隠語である。これに対し女性たちは発音が似ている肉兵器という言葉を作り、戦時の銃弾受けとなるしかない男性たちの立場を嘲弄する。

妊娠中断（임신중단 **イムシンジュンダン**）
「堕胎」という表現の代わりに使われる言葉で、妊娠した女性の選択と権利を尊重する表現。

ヌゲビ（**느개비**）
「おまえの父ちゃん（느그애비 ヌグエビ）」の略。さらに略して「니앱 ニエプ」とも呼び、女性嫌悪的な「おまえの母ちゃん（느금마、너검마、니앰 ヌグンマ、ノゴンマ、ニエム）」をミラーリングした単語。

値切り（**후려치기 フリョチギ**）
物の値段を安くしようとするとき、その欠陥を口実にして価値を貶めるように、家父長制社会において女性の外見や能力、価値を貶める行為を指す。

捏造虫（**주작충 チュジャクチュン**）
インターネット掲示板の元の投稿を女性嫌悪的に捏造するユーザーを指す。

ネムジョ（**냄져**）
「男」を意味する「ナムジャ（남자）」という単語の陽母音（ここでは母音のa）が肯定的な印象を与えるということで、陰母音（母音のae, yeo）に変えた単語。

〜ノ（**〜노**）
メガリア／ウォーマドで使用されている終結語尾。「ムォハノ〜（何してるノ〜）」「クロケセンガッカジ アノ〜（そうは思わないノ〜）」のように表現する。イルベでは故盧武鉉（노무

현）大統領を侮辱して使用した表現だが、女性たちはこれを奪い取って、韓国男性の利己主義と無責任を問題化する意味で、韓国人男性とフィリピン人女性の間に生まれた2世である「コピノ（코피노）」の「ノ」として使う。このようにイルベと同じ文体を使うためリベラル派、またはフェミニストたちからも「メガリアもイルベも同じ」「ウォーマドは女イルベ」などの攻撃を受けている。ウォーマドはこれに対し「イルベが男ウォーマド」と反論し、イルベの言葉づかいを女性たちが奪うことに成功したのだとした。この言葉づかいを極度に嫌うリベラル派のオンラインコミュニティ（「今日のユーモア」「異種格闘技」）は非常に丁寧な言葉づかい（〜でしょう、別名「チョジョ体」）を使用するが、同時にひどい女性嫌悪をイルベと一緒にやっている。ウォーマド以前のメガリアから、女性たちはこのような二面性を指摘し告発する作業をしてきた。「オヌルキブン チョンマル チョンノイギヤ（今日の気分は本当にいいノイギヤ）」のように「〜イギヤ（이기야 イギヤ）」と合わせて使うこともあり「イギヤノ体」（前述）ともいう。

パガ男（**빠가남 パガナム**）
（自分を指して）「オッパが〜（오빠가〜 オッパガ〜）」と言うなど、オッパ（오빠 妹から兄への呼称。女性が恋人など親しい年上の男性を呼ぶときにも使う）という呼称に執着する男たちを指した言葉。

歯コチ虫（**틀딱충 トゥルッタクチュン**）
「入れ歯コチコチ虫（틀니 딱딱충 トゥルリ タッタクチュン）」を略した表現で、年をとっても成熟するどころか家父長的な思考を強要する男を指す。男性に限定して使う。

バタバタ（**펄-럭 ポルロク**）
小陰唇がはためく様子。女性としての自負心を表現した単語である。男性の押しつける形にとらわれず堂々と男性嫌悪をすることに対する誇りの表現であり、男性たちが大きな小陰唇を整形手術すべき恥ずかしいものと決めつけることへの対抗である。音を立ててはためくほど大きな小陰唇を立派なものとみなし「小陰唇で拍手を打つ（소음순으로 박수친다 ソウムスヌロ パクスチンダ）」「小陰唇拍手（소음순 박수 ソウムスン パクス）と言う。

ハヨンガ（**하용가 ハヨンガ**）
「ハーイ、おこづかいデートできる？（하이 용돈 만남 가능? ハイ ヨンドン マンナム カヌン？）」の略で、個人間チャットサイトである「アントーク（앙톡 アントク）」で買春のためにチャットしていた男性が若い女性を相手に見境なく送りつけていた言葉。アントーク男自体を意味することもある。ウォーマドでは挨拶の代わりに使う。

繁殖脱落（**번식탈락 ポンシクタルラク**）

スペックの低い男性が女性と交際できないことを指す言葉で、略して「繁脱（번탈 ポンタル）」と言い、そんな男性を「繁脱男（번탈남 ポンタルナム）」と呼ぶ。度を越して女性嫌悪に走る男性に対し「繁殖脱落ヒステリー、繁脱ヒステリー」と表現する。

韓男《ハンナム》、韓男がまた（**한남, 한남또 ハンナム、ハンナムット**）

韓国男性は韓男（한남 ハンナム）、韓男がまた（한남또 ハンナムット）は「韓男がまたやらかした」の略。

韓男虫《ハンナムチュン》（**한남충 ハンナムチュン**）

「韓国男性は虫けら」という意味に由来。韓国社会にはびこる嫌悪についての議論を触発させた記念碑的な造語。女性嫌悪の言葉が10年以上流行していても何の関心も持たれなかったが、女性たちが「韓男虫」という言葉を使うや否や社会問題とされた。メディアは「男性嫌悪も女性嫌悪もどちらもよくないです」「愛し合いましょう、世界は狭いのだから」として、男性嫌悪を深刻な問題として取り扱う滑稽な姿を見せた。男性たちはこれをミラーリングすると言って「韓女／韓女虫」という言葉を作ったが、女性たちはむしろこの言葉を歓迎した。これまでキムチ女、味噌女、整形おばけ、娼婦と呼ばれていたが、ついに「韓国女性」となったわけだ。

ヒュンジャ（**흉자 ヒュンジャ**）

真似チンコ（흉내 자지 ヒュンネネヌンジャジ）を略した言葉で、社会の女性嫌悪に無自覚で家父長的思考を持っている女性たちを指す表現。名誉男性（명예남성 ミョンエナムソン）に由来する「ミョンエ ジャジ（명예자지 名誉チンコ）」を略して「ミョンジャ（명자）」と呼んでいたが、実際の女性名である場合が多く、名誉という語が肯定的な意味であるため、否定的な語感の言葉に替えた。ヒュンジャたちは先頭に立ってフェミニストたちを愚弄し攻撃し、男性と男性社会に対する批判を妨害している。

フィンガーおやじ（**핀거애비 ピンゴエビ**）

「フィンガープリンセス（핀거프린세스 ピンゴプリンセス）」、または「フィンガープリンス（핀거프린스 ピンゴプリンス）」の代わりに推奨される表現で、自分で調べたり探したりせず質問ばかりする男を意味する。

フィンガープリンス（**핀거프린스 ピンゴプリンス**）

検索すればすぐにわかることも自分では調べず人に聞く、という意味。他人の苦労で楽をしようとする女性を意味する「フィンガープリンセス（핀거프린세스 ピンゴプリンセス）」をミラーリングした単語で、略して「フィンプ（핀프 ピンプ）」とも言う。

フェミナチ（**페미나치 ペミナチ**）

外国でフェミニストを非難する意味

で使われる用語。「バカフェミ（꼴페미 ッコルペミ）」と似た意味で使われるが、実際はフェミニズムに対する理解もなくフェミニストを問答無用で罵倒するためのレッテルである。このようなレッテルの役割を覆し、肯定的な意味で使用している。女性を抑えつける男性主流社会の枠組みに縛られず、男性に反撃を加え堂々と男性嫌悪する女性を指している。

フェミサイド（페미사이드 ペミサイドゥ）
女性femaleと大量虐殺genocideを合成した言葉。「女」という理由で男たちが女を殺害することを言う。女児堕胎による大量虐殺の場合、はじめは「ジェンダーサイド（젠더사이드 ジェンドサイドゥ）」という用語を使用していたが、ジェンダーという言葉では女児だけが中絶されることをはっきりと説明できていないので、「女性」を消すという意味を強調するために最近ではフェミサイドと呼ぶ。

フパル、チョッパル（후팔, 좆팔 フパル、チョッパル）
女性嫌悪的である「シバル（씨발 罵り言葉。女性との性行為を意味する）」に対抗する俗語。「チンコを掘る（좆을 팔 チョジュル パル）」「肛門を掘る（후장을 팔 フジャンウル パル）」の略。

不平のプロ（프로불편러 プロプルピョルロ）
NAVER語学辞典には「何につけても不平不満を表現し、周囲の人の共感を得ようとする人を指す言葉」と記録されているが、女性が自分の立場をはっきりと表現し、気まずい状況を作り出すことを悪く言うイルベユーザーたちが使用していた言葉である。
メガリア／ウォーマドでは相手にどう思われようとも、いつでも自分の意見を堂々と述べる女という肯定的な意味で使われる。

ブラルザー（부랄더 プラルド）
オッパの代わりに推奨される表現。부랄（プラル 睾丸）と브라더（brother ブラド）を合わせている。

ブラルジャー（부랄자 プラルジャ）
「ブラジャー」のミラーリング。男性の睾丸に装着する下着を想像して表現した言葉。

プラルベロス（부랄베로스）
プラル（부랄 睾丸）＋ケルベロス。ケルベロスはギリシア神話に登場する怪物で、三つの頭を持つ冥界の番犬である。韓国男性の性器はあまりに小さく、まるで睾丸が三つついているようなものだとして作られた言葉。オンライン空間で男性たちが女性を性器の形と大きさで分類して性的に愚弄する状況をミラーリングして生まれた表現。

ブルーイルベ（블루일베 プルルイルベ）
青いイルベ。青を基調としたデザインのフェイスブックを指す。「キム

チ女」など女性嫌悪的単語に対する通報は無視しながら、メガリアが言及されたページなどはためらいなく削除するダブルスタンダード事例が多く見られたために生まれた表現。（「グリーンイルベ」の項参照）

〜ボーイ（-boy, 〜보이）
宅配ボーイ、運転ボーイ、証券ボーイなど「〜女（〜녀 〜ニョ）」に対抗する言葉。

胞宮（포궁 ポグン）
子宮は息子（子＝息子）を成すという意味を内包しているのでこれを拒否し、細胞の「胞」を使って作り出した中立的な言葉。細胞が滞在する空間を意味する。

ポジカルだ（보지컬하다 ポジコラダ）
ポジ（女性器＝女性）がロジカルだ、論理的だという意味で、論理的な、また斬新な記事を見たときに使う感嘆語。

ポ敵チャ、チャ敵チャ（보적자, 자적자 ポジョクチャ、チャジョクチャ）
「ポジ（女性器）の敵はチャジ（男性器）、チャジの敵はチャジ」という意味。男性たちが長い間「女の敵は女（ポ敵ポ）」という固定観念を広めてきたことに対抗する言葉。女性同士が助け合うことを「ポ助ポ」（보돕보 ポドブポ）と表現し、応用事例は次のとおり。「ポ助ポはサイエンス、チャ敵チャもサイエンス（女を助けるのは女、男の敵は男というのは科学的な事実だ）」。

ポ風堂々（봊풍당당 ポップンタンダン）
威風堂々とした女性の姿を表現する単語。□（ポッ）は보지（ポジ 女性器）の略。

ポ力《りょく》（보력 ポリョク）
ポジ（보지 女性器を指す俗語）＋火力。インターネットニュースなどのコメント欄で女性嫌悪の投稿を押しやるため、男性を批判するコメントを攻撃的に上げ、「いいね！」の数を伸ばすこと。

MERS《マーズ》掲示板（메르스 갤러리 メルス ゲルロリ）
略してメルスゲル（메르스갤）またはメゲル（메갤）ともいう。DCインサイドの掲示板の一つで2015年、MERS発生後に生まれた女性嫌悪的な表現に関して、初めて集団的な反応を見せた場所。

マンコ洗い（보빨러 ポッパルロ）
「女性器（보지 ポジ）を洗ってやる奴」という意味で、女性を支持する男性を男性たちが悪く言う表現。

マンスプレイニング
「男」manと「説明する」explainingの合成語で、男が女に常に説明しようとする態度を皮肉った言葉。2010年、「ニューヨークタイムズ」がワード・オブ・ザ・イヤーに選

び、2014年にはオックスフォード・オンライン英語辞典にも収録された。似た概念としてホワイトプレイニング、ライトプレイニングなどの単語があり、レベッカ・ソルニットの本『説教したがる男たち』で詳しく言及されている。類語：チョッスプレイニング（좆스플레인 チョッ（좆）＝男性器の俗語表現）

ミラクル野郎漢字（**마법씹치문 マボッシプチムン**）
漢字に込められた女性嫌悪的な意味を覆し、新しい漢字を作ったもの。

メシをくれと「母ちゃん病」を発揮する意。読みは「イェム（얨）」。

韓国男が三人寄れば性売買をする意。読みは「トェッ（뒷）」。

亡くなった姉さんによって存在しているという意（跡取り息子を望むために胎児が女の子とわかると中絶されることがあるため）。読みは「オプ（업）」。

ミラーリング
いくつかの意味で使われるが、韓国では相手が女性嫌悪的な言葉や文章、思想、形態、行動を見せたとき、登場人物や話者の性別だけを入れ替えてみせることで、社会の骨格にまでしみ込んだ女性嫌悪を鮮明にあぶりだして証明、あるいは説得するために用いる。メガリアの登場とともに広く話題になり、ツイッターおよびウォーマドなどのサイトではミラーリング単語が絶え間なく生まれ続け、また使用され続けている。（フェミウィキより）

虫（**충 チュン**）
接尾語。インターネットで広く使われる俗語で、「ママ虫」は代表的な女性嫌悪単語。メガリア／ウォーマドはこれに対抗して「虫」という接尾語を積極的に活用してきた。漏らし逃げ虫、オフィ虫、韓男虫などの例がある。

飯くれ虫（**밥줘충 パプチョチュン**）
一人では食事もろくに用意して食べられず、いつも飯を作ってくれと騒ぐ男。すべてにおいて女性たちのケア労働を堂々と要求する男性たちを指す。

漏らし逃げ男、漏らし逃げ虫（**싸튀남, 싸튀충 ッサティナム、ッサティチュン**）
「堕胎女（낙태녀 ナクテニョ）」という言葉に代わるもので、中絶をしなければならない状況について妊娠した女性ではなく、無責任なセックスをした男性に矛先を向ける表現。漏らして逃げる男を虫けらだと非難する意味が込められている。

ルーザーペイ／キムチペイ
ダッチペイ（オランダ式の支払い=割り勘）を表現しなおした言葉。実際に両性平等国家として有名なオランダ

でも、女性と男性の間で割り勘にはしない。とりわけ韓国男性だけがデート通帳（カップルで共有するお金）とダッチペイをジェンダー平等の証のように主張することを受けて、ルーザーペイと名づけた。「ルーザー」（敗者）という単語は韓国男性がもっとも嫌うもので、2009年KBS（韓国の代表的な公共放送）の番組「美女たちのおしゃべり」で、ある女性が「身長180センチメートル以下の男性はルーザー」と発言し韓国男性の劣等感がいっきに爆発したことがあった。類語：キムチペイ（韓国をキムチ、日本をスシなどと呼ぶオンライン言語から）

洋男《ヤンナム》（양남 ヤンナム）

西洋男性を指す。類語：洋チンコ（양좆 ヤンジョッ）、洋奴（양놈 ヤンノム）

幼虫／韓男幼虫（유충, 한남유충 ユチュン、ハンナムユチュン）

女性嫌悪する幼い男性を指す言葉。小学校の男子児童たちはすでにSNSやYouTubeを通じて女性嫌悪コンテンツに接し、ポルノを見習って同年の女子児童たちを性的にからかったり性的いやがらせをしている。普通は韓男虫になるきざしの見える幼い男の子たちを幼虫と呼ぶのだが、人によっては胎児や幼児に対しても幼虫という言葉を使う場合がある。このため非道徳的で児童嫌悪的だという非難を聞くこともあるが、女性の人権を最優先とするウォーマドは男子児童の女性嫌悪の自由よりも女子児童の安全の権利を重視する。

わきまえ男（概念男 개념남 ケニョムナム）

「わきまえ女（개념녀 概念女 ケニョムニョ）」に対するミラーリングとして、ジェンダー平等意識を持った男性を激励するため使用されていたが、のちに使用されなくなった。ウォーマドが認定している真のわきまえ男は、死んだ男だけである。類語：正常男

罠示談（함정합의 ハムジョンハビ）

性暴力被害者を虚偽告訴罪の加害者として追い込む捜査方式で、結果円満な示談に持って行き性暴力加害者を保護しようとする手法。

ワラララ（와랄라라 ワラルララ）

セックスのとき男性が早々に射精することを指す。類語に「3秒出し（3초 찍 サムチョッチク）」がある。クンニリングスやキスをするときは舌だけぺろりと出して唾液をつけるだけで、挿入とピストン動作ばかりに没頭するなど、ポルノで学んだセックスばかりに執着する男性たちの姿を風刺している。

[参考資料]
メガリア単語辞典アーカイブ
http://archive.li/d2Lje

[ウォーマドウィキ]
http://www.wikidok.net/Info/Search?w
=%EC%9B%8C%EB%A7%88%EB%93
%9C

日本の読者のみなさんへ

こんにちは。私は韓国のフェミニズム書籍専門出版社、イフブックスのチョパク・ソニョン編集長です。

2018年に韓国で数々の論争とともに出版された本格フェミニズム・ドキュメンタリー小説『ハヨンガ』が、2021年日本で翻訳出版されたことをたいへん光栄に思います。そして『ハヨンガ』誕生の決定的なきっかけとなった本、『根のないフェミニズム』が、今こうして日本の読者のみなさんにお目見えすることとなり感無量です。

日本の女性読者にこの本がどう受け止められるだろうかと、心から楽しみにしています。私は個人的に、日本と韓国の女性は必ずや、特に「女性」という地点で出会わざるを得ないと考えています。第二次世界大戦の加害国でありながら、同時に原爆による甚大な被害を受けた日本の「女性」たちは、それらすべての過程において、何らかの意味で、絶対多数が被害者であったことでしょう。韓国は第二次世界大戦の被害国であり、同時に日本軍「慰安婦」問題で日本の知識人たち、そして女性運動家たちとつながっています。

また先進国という仮面の下に影として存在する、巨大産業となったポルノと性売買文化に関しても、日本と韓国は同じ脈絡で苦悩を抱えているものと認識しています。日本と韓国の女性はしばしば、このように胸の痛む形でつながっているのです。

そして女性の人権についてさらに高い次元で取り組むべき理由と課題がまた一つ付け加えられました。それこそが「オンライン上の女性嫌悪文化」です。


オンラインというものの特性上、世代間で経験の差があり、2015年までの様子を見ても女性運動における第一世代、あるいは既存の女性運動家たちは女性嫌悪文化がオンラインでどこまで、どれほど深刻に広がっているか十分に情報を得ておらず、若い世代への共感も不足していました。

「よく知らなかった」というのがもっとも率直な表現でしょう。

MERSという感染症が女性たちによって韓国内にもたらされたというフェイクニュースが広まったとき、そのフェイクニュースへの対抗として女性たちがあるサイトに結集しました。まさしく「メガリア」というサイトに……。この「メガリア」サイトは瞬く間に話題となりました。すでにずっと以前から女性限定のさまざまなオンラインコミュニティが存在したにもかかわらず、「メガリア」の登場に誰もが衝撃を受け、韓国のほぼすべてのメディアでこのサイトと投稿内容がせわしなく紹介されました。女性だけが入会できるこのサイトのユーザーたちがあらゆる問題を果敢な方法、「ミラーリング」で見せつけたからです。悪気もなく使われていた言葉と行動も彼女たちの鏡に映されることで、いかに暴力的で低劣なものであったかが如実に照らし出されてしまったのです。この影響で各女性運動団体の会員数は増え、久方ぶりのうれしい傾向に既存の女性運動家たちもこのサイトとのコラボレーションを企画したり、そこまで行かなくとも重要なものとして見守っていました。

韓国社会がこうして騒がしくスポットライトを浴びせたのも無意味ではありませんでした。実際にこのサイトは非常に大勢のユーザー数と活動量を見せてくれました。ハーバード大学の卒論として発表された論文によれば２０１６年には17万名がサイトを訪問、11月には37万名の訪問者数が記録されました。

（論文の当該箇所原文：Singh (2016) records that the website had 170,000 unique visitors already at the moment of its conception. By November, it appeared to have 370,000 unique visitors. What is notable is that a quarter of its traffic stemmed from referrals, prominently Ilbe. —著者と論文タイトル：Lee, Wonyun. "Responding to Misogyny, Reciprocating Hate Speech-South Korea's Online Feminism Movement: Megalia." PhD diss., 2020.）

ええ、私もその37万名のメガリアサイト訪問者のうちの一人でした。メガリアサイトは２０１５年８月に作られましたが、同じ年にサイトをリニューアルしオンライン放送を準備していたイフブックスは、このメガリアサイトを通じてオンラインの主要ユーザーである20〜40代女性たちが何を考えているのか、どのような問題にどう反応しているのかはっきりと目撃することができました。訪問せずにはいられないサイトだったのです。

残念なことにメガリアサイトは閉鎖される結果となりました。メガリアが閉鎖される過程で「ウォーマド」という新しいサイトが開設されましたが、私は現在この二つのサイトが共存できなかった点にもっとも注目すべきだと考えています。

メガリアサイト開設と閉鎖、そしてウォーマドサイト開設までに起こった、女性たちがしっかりと見つめるべき重要な問題と事件を、この本『根のないフェミニズム　フェミサイドに立ち向かったメガリアたち』の「タイムライン」に詳しく記録しました。エッセイを書いた筆者たちはこの大切な記録の出版を韓国のほぼすべての出版社から断られ、2017年にできたばかりのイフブックスの門を叩きました。生々しく疑いの余地なく、痛みと悲しみとともに力をも備えたこの記録を、イフブックスは出版しないわけにいきませんでした。

『根のないフェミニズム　フェミサイドに立ち向かったメガリアたち』は現在まで出版されたイフブックスの本の中で、応援と攻撃を同時に受け、もっとも話題となり、もっとも売れた本です。

『根のないフェミニズム　フェミサイドに立ち向かったメガリアたち』のタイムラインの記録は2018年で終わっています。2018年以降はまた別の、新しく多様な流れが論争とともに続いていったため、整理して付け加えることが難しかったのです。しかし2021年現在、韓国のフェミニズム専門出版社として何より残念なことは、メガリアサイトが消え去り、ウォーマドが男性たちの女性嫌悪コミュニティ「日刊ベスト」と同じようなものと考えられている点です。

女性と男性が常に愛し合っていられるわけではないとある程度理解されていても、男性たちによる女性嫌悪は「一部」のしわざとみなされ、女性たちが男性を嫌悪しているように見える些細な言動はいとも簡単に「烙印」とされるのが現実です。明白な理由があり、実在する状況があってものを言う彼女たちの声はたやすく黙殺され、真摯に分析される余地すらありません。

この本はその現実を物語っています。

この現実は日本でも同じでしょうか？　ならば私たちは「女性」であるという理由から、必ずや連帯しなくてはなりません。私たちはこの現状を記録しなくてはなりません。この現状を語らなくてはなりません。私たち女性だけの賑やかな連帯でとどまることなく、「多数のように見える一部」暴力的な男性たちと、彼らが作った家父長的文化の堅固なこの世界に、成熟した変化を起こさなくてはなりません。

何よりもそんな変化が訪れるまで、歩みを止めてはなりません。歩みを止めないために、私たちは出会い、連帯すべきなのです。この本が日本と韓国の女性たちを「女性」として出会わせ、社会を成熟へと発展させるきっかけとなるよう、切に願います。

二〇二一年九月　愛と期待をたっぷり込めて

イフブックス編集長　チョパク・ソニョン

訳者あとがき

韓国のデジタル性暴力と、それに抵抗した女性たちを題材にしたフェミニズム・ドキュメンタリー小説、『ハヨンガ』（チョン・ミギョン著、２０１８年、イフブックス）の翻訳をアジュマブックスから出した時、私は作品が描き出し告発するあらゆる形の女性への暴力について訳者あとがきでこう書いた。

「何ひとつ日本と無縁なものはない」。

そして今回も同じことを書かざるを得ない。

２０２１年８月６日夜、小田急線の車両内で36歳の男が乗客10名に牛刀で切り付ける事件が起こった。被害者の中でも特に標的にされたのは20歳の女性で、命は取り留めたものの7か所も刺されて重傷を負った。翌日朝の報道によれば男は「幸せそうに見える女性を殺したかった」と供述したという。

これはフェミサイドだ。

この言葉がすぐに浮かんだのも、本書『根のないフェミニズム　オンラインフェミサイドに立ち向かったメガリアたち』（原題『根のないフェミニズム　メガリアからウォーマドまで』2018年、イフブックス）を翻訳する機会を得たからだ。

本文で何度も言及される2016年の「江南駅10番出口殺人事件」、30代男性が偶然その時・その場に現れた見ず知らずの女性を刺し殺したこの事件もまさにフェミサイドであった。しかし韓国メディアはこれを「無差別殺人」と報じ、女性たちがいくら「フェミサイドだ」と叫んでも、男性たちは「女性が女性ゆえに殺された」事実を認めようとしなかったという。

そのことを知っていても、日本で同じ現象が起こった時にはやはり激しく失望してしまった。

多くの人がツイッターで「これはフェミサイドだ」と叫ぶと、「切り付けられたのは女性だけじゃないのだから」「女性は死ななかったのだから」等々と否定にかかる者たちが出た。

しかし当初男の供述を「女性を殺したかった」と報道したメディアが、その後何の説明もなく供述内容を「幸せそうに見える人を殺したかった」と変えてしまったのは予想外だった。ある人は「こんな時だけ女を人扱いしやがる」と、思わずクリをポンと打つ（単語辞典参照）コメントを残した。

とはいえ事件を受けてデモを企画した女性たちへの深刻なオンライン・ハラスメントも同じ。デモを盗撮しオンラインに上げる者が出たのも同じ。

「韓男《ハンナム》と日男《イルラム》は〝魂の双子〟と言われているんですよ」と、名も知らぬ韓国の方がツイッターで教えてくれた。日本の男たちが、江南事件後の韓国男性の言動をお手本にでもしているかのように振る舞うのを見ると納得がいく。

本文にも「韓男虫」という言葉が登場するが、オンラインで女性差別・女性嫌悪への疑問を呈するだけで虫が湧いたようにクソリプがつくこの状況に、なるほど自国の男を「虫」と呼びたくもなるというものだ。

しかし男同士の〝魂の繋がり〟に負けてはいられない。いや負けるわけがない。いかに東アジア家父長制の根が深くとも、醜悪に「嫌韓」を叫ぶような日本の男たちが結べる絆などたかが知れている。（だから「魂の」双子なのだろう、見えないように繋がることしかできないという意味で）

尊敬する韓国のフェミニストたちと我ら日本のフェミニストたちこそ、堂々たるシスターフッドでがっちりと繋がってゆけるのではないか。
「結局、連帯がすべての問題の答えだった。」（第2章90ページより）
一人でも多くの女性が本書を手に取ってくださることで、明日の私たちは今日より強くなれるはずだ。

大島史子

二〇二一年九月

『根のないフェミニズム』の背景にあるもの

本書は、韓国のオンラインフェミニスト「メガリア」たちの戦いの記録です。

90年代から国をあげてのデジタル環境整備が行われた韓国は、屈指のインターネット大国として独自のネット文化を発展させてきました。TwitterやFBといったソーシャルメディアの他に、韓国発の巨大コミュニティサイトがいくつもあり、ネットユーザーがたちあげた掲示板（カフェやギャラリーと呼ばれる）は、時に社会的アジェンダや世論を形成する影響力をもつことも珍しくありません。メガリアも、2015年の中東呼吸器症候群コロナウィルスの憶測報道（最初の感染者は香港帰りの女性というもの）が引き起こした女性嫌悪に抗議するために、巨大コミュニティサイト内のギャラリーからスタートしました。

日本と同様、家父長制の強い韓国社会で、女性に向けられる嫌悪や排除は、オンライン上でより苛烈に女性たちを追いつめます。特に「イルベ」（日刊ベスト）など、女性嫌悪を剥き出しにしたネトウヨ系コミュティサイトは、障がい者、セクシュアルマイノリティ、外国人労働者など社会的立場が脆弱な人々、そして〝モノ言う女〟＝フェミニストを標的にしてきました。声をあげる人々を「国家の足を引っ張る虫」として冷笑し、ありとあらゆるヘイトで黙らせていく言説がオンライン上で構築されていったのです。

メガリアはそのようなネット上の女性嫌悪に立ち上がった韓国史上初のオンラインフェミニスト集団です。オンラインにはオンラインの戦い方があります。例えば女性嫌悪コメントを表示させなくするために、フェミな書き込みを夜を徹して行ったり、性暴力で告発された著名男性（映画監督など）の名前や作品が検索で上位にあがらないよう、独自の検索キーワードを一斉に連打するなど、これまでの市民運動とは全く違う戦いを実践しました。その最大の成果が、ポルノサイト「ソラネット」を封鎖したことでしょう。ソラネットユーザーをネット上で晒すというオンライン上の戦いに加え、デジタル性暴力に取り組む政治家への献金といったリアルな運動により、世論を動かし、国を動かし、文字通りソラネットを爆破したのです。それは、匿名の女性たちの連帯による革命でした。

とはいえメガリアの戦いは、決して社会に受け入れられたわけではありません。特に彼女たちが実践した「ミラーリング」は、リベラルな言論人やフェミニストからも批判の対象になりました。ミラーリングとは、女性嫌悪発言を〝男性批判〟に反転させパロディ化する言葉の戦いです。元となる女性嫌悪の残酷さは越えられず、むしろ原本の惨さを露呈する知的な手法ですが、男性への躊躇ない侮蔑語を編み出すメガリアはイルベと同程度の〝男性嫌悪集団と〟レッテルを貼られていきます。

メガリアのロゴも、もともとは「イルベ」ユーザーを認証するために使われていたシンボルのミラーリングです。イルベの男性たちはシンボルを重要視していましたが、メガリアにとっては単なるミラーリングであり、メガリアを象徴するものではありませんでした。ただ男性器の小ささを侮蔑するこのマークによって、メガリア＝男性嫌悪と決定的な烙印を押されます。実はそのような社会の反応こそが、韓国社会がいかに女性嫌悪発言に慣らされてしまっていることの証明ともいえ、本書からは戦いの渦中にいたメガリアの葛藤と、必死、死の淵に立つような絶望が叫びのように伝わってきます。そしてその叫びこそが、私たちが今聞くべき声、記録すべき声だと私は思うのです。

「根のないフェミニズム」とは、「根本のない」という韓国語独特の言い回しで、歴史も、権威もない、それなのに「最前線」に否応なく立たされてしまったオンラインフェミニストの戦いを表現しています。現在はその軌跡がネット上から一切消されてしまったメガリアですが、メガリアの女性たちが韓国フェミニズムの最前線に立ち、フェミサイドに抗議するポストイット運動、著名人に対する#MeToo運動などを牽引し、韓国社会を大きく動かす存在であった事実を消すことはできません。その事実を後世に記録として残すために本書は実際に闘った女性たちの手によって記されました。

「海水の塩分はたった3%。だから3%の女性が目覚めれば社会は変わる」

メガリアのこの言葉からは、彼女たちの戦いが〝男性に理解してもらう〟ことを目的としているのではなく、社会を変えるためには女性自身が変わればいいのだという、真理と希望があります。抉られた傷口を言語化する過程で私たちは、女性嫌悪社会で「女性である」ことの意味を知っていけるでしょう。「女性」という経験によってつながる言葉を模索しながら、戦いの方法にたどりついていけるでしょう。メガリアが一枚岩ではなかったように、私たちもそれぞれに違う。繊細な議論の過程で傷つき、フェミニズムにすら絶望することもあるかもしれません。それでも家父長社会は盤石ではなく、抗うことによって生きぬき、世界を変えていけるという希望を韓国のフェミニストは教えてくれます。私たちが萎縮することなく、自由に、のびやかに生きられるために。

『根のないフェミニズム　フェミサイドに立ち向かったメガリアたち』はフェミニズム出版社 if books から刊行されました。アジュマブックスとしては『ハヨンガ　ハーイおこづかいデートしない?』に続く二冊目の if books の本です。if books が、メガリアの記録を残そうとした思いに連帯します。この本が、この国のフェミサイド、女性の声、女性の存在を消そうとする力に立ち向かおうとするフェミニストの皆さんに、とどきますように。

二〇二一年九月

北原みのり

※オンライン性暴力の被害にあったら　ネット上で性的誹謗中傷や、リベンジポルノの拡散などの被害にあったとき、女性の人権の視点から相談にのってくれる団体を紹介します。

NPO法人ぱっぷす（受付時間：24時間365日、いつでも）
TEL 050-3177-5432　https://paps.jp
■LINEによる相談 LINEのID：@paps24
■メールによる相談メールアドレス：soudan@paps.jp

著者プロフィール

●キム・インミョン
「チョッペム(チンコ蛇)」というコメントで100万ウォンの罰金刑を受け、裁判で争って勝った。そうしてオンライン女性嫌悪とフェミサイドの生き証人となり、現在はデザイナーとしてフェミニズム実践中。

●カン・ユ
リアルタイムでソラネットでのレイプ共謀を目撃し、メガリアに合流してソラネット閉鎖運動に力を貸し、フェミニズムに覚醒した。

●イ・ウォニュン
韓国で性暴力を受けたオーストラリア人女性の被害について取り上げたドキュメンタリー番組でインタビューを受けたところ、「日刊ベスト(略称イルベ)」男性ユーザーらに身元を調べられ、暴力的なコメントを書かれた。彼ら全員を告発し謝罪を受けた。フェミニスト医師であり女性嫌悪関連論文で2018年秋から米国ハーバード大学院修士課程に入学。

●クク・チヘ
オンラインで繰り広げられるフェミサイドにキーボードバトルとSNSアカウントで立ち向かい、自分の名前そのものが烙印になったと感じるラディカル・フェミニスト。女性主義書籍出版社、ヨルダブックスを作った。

●イ・ジウォン
梨花女子大学校で政治外交学科に在籍し女性学を専攻し、同大学院女性学科に在学中。訳書に『セックスとジェンダーに対するフェミニズムの視点』(共訳)、『ラディカルフェミニズム』(共訳)。女性の党第1代、第2代共同代表。

●ヒヨン
「今日のユーモア」サイト会員だったがメガリアに合流し、ソラネット等の事件に接した。現在は女性団体を組織して活動している。

●チョン・ナラ
オンラインでのみ活動していたが、オフラインまで活動領域を広げるため、フェミニズム的な方法を模索中。

●パク・ソニョン
ウェブ漫画家侮辱罪被疑者弁護人。

翻訳者プロフィール

●大島史子
イラストレーター、漫画家。「ラブピースクラブ」コラムサイトでフェミニズムエッセイ漫画「主人なんていませんッ!」を連載。

●李美淑 イ・ミスク
立教大学グローバル・リベラルアーツ・プログラム運営センター・助教。専門はメディア・コミュニケーション研究。国境を越える市民連帯、社会運動とメディア、ジェンダーとメディア、ジャーナリズムについて研究。

●北原みのり
作家、女性のためのプレジャーグッズショップ「ラブピースクラブ」を運営するアジュマ代表。2021年アジュマブックススタート。希望のたね基金理事。デジタル性暴力などの相談窓口NPO法人ぱっぷす副理事長。著書に『日本のフェミニズム』(河出書房新社刊)など多数。

ajuma booksはシスターフッドの出版社です。アジュマは韓国語で中高年女性を示す美しい響きの言葉。たくさんのアジュマ(未来のアジュマも含めて!)の声を届けたいという思いではじめました。猫のマークは放浪の民ホボがサバイブするために残した記号の一つ。意味は「親切な女性が住んでいる家」です。アジュマと猫は最強の組み合わせですよね。柔らかで最強な私たちの読書の時間を深められる物語を紡いでいきます。一緒にシスターフッドの世界、つくっていきましょう。

ajuma books 代表 北原みのり

根のないフェミニズム
フェミサイドに立ち向かったメガリアたち

2021年10月4日　第1版第1刷発行

著者　キム・インミョン／カン・ユ／イ・ウォニュン／クク・チヘ／イ・ジウォン／ヒヨン／チョン・ナラ／パク・ソニョン

訳者　大島史子

監修　李美淑

解説　北原みのり

発行者　北原みのり

発行　アジュマ
〒113-0033　東京都文京区本郷7-2-2
TEL　03-5840-6455
https://www.ajuma-books.com/

印刷・製本所　モリモト印刷

定価はカバーに表示してあります。

落丁・乱丁本は、送料小社負担にてお取り替えいたします。
小社まで購入書店名とともにご連絡ください。
（古書店で購入したものについてはお取り替えできません）

ISBN978-4-910276-02-1 C0098 Y1800E

ajuma books